川大學霸本科畢業論文
開啟國學大師學術人生

四川大學館藏精品集萃叢書

才性人生 始於莊學

王叔岷國立四川大學畢業論文

主編 党躍武

四川大學出版社

Caixing Rensheng Shiyu Zhuangxue

項目策劃：何　靜
責任編輯：何　靜
責任校對：王　靜
封面設計：阿　林
責任印製：王　煒

圖書在版編目（CIP）數據

才性人生　始於莊學 ：王叔岷國立四川大學畢業論文 / 党躍武主編．— 成都 ：四川大學出版社，2019.1
ISBN 978-7-5690-2736-5

Ⅰ．①才…　Ⅱ．①党…　Ⅲ．①莊子（前 369- 前 286）—哲學思想—文集　Ⅳ．① B223.55-53

中國版本圖書館 CIP 數據核字（2019）第 016179 號

書名　才性人生　始於莊學：王叔岷國立四川大學畢業論文

主　　編	党躍武
出　　版	四川大學出版社
地　　址	成都市一環路南一段 24 號（610065）
發　　行	四川大學出版社
書　　號	ISBN 978-7-5690-2736-5
印前製作	跨克
印　　刷	四川盛图彩色印刷有限公司
成品尺寸	170mm×240mm
印　　張	15.75
字　　數	201 千字
版　　次	2019 年 8 月第 1 版
印　　次	2019 年 8 月第 1 次印刷
定　　價	128.00 圓

◆ 讀者郵購本書，請與本社發行科聯繫。
電話：(028)85408408/(028)85401670/
(028)86408023　郵政編碼：610065
◆ 本社圖書如有印裝質量問題，請寄回出版社調換。
◆ 網址：http://press.scu.edu.cn

四川大學出版社
微信公眾號

王叔岷與莊學

（代序）

党躍武　丁　偉

王叔岷在《莊子校詮》的《序論》中寫到：『岷始校《莊子》，在西川南溪之李莊，晚歲校詮《莊子》，在臺北南港之舊莊，並與莊有關，然則岷一生好讀《莊子》，亦所謂有宿緣邪？』[1]這是他對自己一生讀《莊》、校《莊》、注《莊》、解《莊》的『莊學生涯』的寫照。王叔岷在《莊子》文本校勘和義理闡發領域均取得了非凡的成就，是二十世紀莊學研究之集大成者，是當之無愧的莊學大師。然而，他的莊學人生並非始於李莊，而是始於四川大學。這就要從王叔岷在四川大學的求學經歷和他的本科畢業論文《莊子內篇補注》（卷三）説起。

王叔岷（1914—2008），本名邦浚，字叔岷，號慕廬，四川簡陽人。他從小肄習詩書，年長後喜讀《莊子》《史記》《陶淵明集》，兼習古琴。1935年，他考入國立四川大學中文系，是國立四川大學中文系第八屆畢業生。1937年，王叔岷在就讀國立四川大學期間與楊尚淑結婚。楊尚淑出身於四川省（今重慶市）潼南縣望族，爲革命烈士楊闇公（楊尚述）、前國家主席楊尚昆的

1　王叔岷．莊子校詮[M]．北京：中華書局，2007: 22

堂妹。畢業後，他曾在國立四川大學出版組、抗戰初期疏散至長壽縣的重慶聯立高級中學有過短暫工作經歷。1941年，他考入國立北京大學文科研究所，師從傅斯年、湯用彤先生，後任職於中央研究院歷史語言研究所。1949年，他隨中央研究院歷史語言研究所遷往臺灣，任臺灣大學中文系副教授、教授。1963年前後，他先後任教於新加坡大學、臺灣大學、馬來西亞大學、新加坡南洋大學。1984年，他自『中央研究院』歷史語言研究所及臺灣大學中文系退休，仍擔任『中央研究院』歷史語言研究所兼任研究員和『中央研究院』中國文哲所籌備處諮詢委員。1992年6月26日，王叔岷在其女的陪伴下到北京與任繼愈等老友相聚，6月30日回到故鄉四川成都。2002年以後，他在四川成都龍泉驛和臺北兩地輪流居住，其學術成就引起大陸學界廣泛關注。2007年，《王叔岷著作集》19種30冊由北京中華書局出版。2008年，王叔岷在四川成都龍泉驛長子家中去世，安葬於洛帶鎮外的燃燈寺公墓，終於落葉歸根。

臺灣大學和『中央研究院』將其成就總結如下：『先生之學術，兼及四部，著述豐宏，而皆淵博精深，成一家言；古籍之斠讎箋證，尤爲當世推重。七十年來，遍校先秦兩漢魏晉群籍，撰有專書近三十種，論文二百餘篇。其中《莊子校釋》《斠讎學》《史記斠證》《諸子斠證》《莊子校詮》《列子補正》《劉子集證》《世說新語補正》《顏氏家訓斠補》《列仙傳校箋》等書，皆以斠讎學方法董理古籍之傳世名作。《史記斠證》《莊子校詮》《陶淵明詩箋證稿》《鍾嶸詩品箋證稿》《先秦道法思想講稿》《左傳考校》等，更融校勘、訓釋、義理爲一體，開啟「由實入虛」的治學途徑。』[1]

王叔岷出身於傳統的知識分子家庭。父親王增榮（1876—1950），字耀卿，號槐齋，畢業於四川大學前身之一四川通省法政學堂紳班別科，賜舉人出身，曾任四川高等法院書記官長，後來在成都南薰中學、成都私立協合女子師範學校任教。在父親的影響下，王叔岷自幼即接受傳統文化薰陶，尤其喜歡《莊子》《史記》《陶淵明集》。王父重金購得明代連珠式古琴一張，請南北名師教其彈奏，這也成爲王叔岷一生的雅趣。王叔岷與《莊子》可謂一見傾情，『岷年十三四時，隨先君耀卿公寓成都，日承庭訓，廣讀經傳子史，於諸子中最好《莊子》，生性魯鈍，久不開悟，一讀《莊子》，襟懷豁然，朗徹通明，喜不自勝。自是之後，博學泛覽，日求進益，皆以《莊子》之旨爲依歸，所謂不期然而然者也。』[2]王叔岷曾言，『文學根底皆父親所培植』[3]，可見，在其莊學生涯的萌芽期，王增榮起到了至關重要的作用。

1935年，王叔岷以優異的成績考入國立四川大學中文系。此時的國立四川大學中文系名師雲集，『張頤任文學院院長，系內有龔向農（道耕）講「三禮」，林山腴（思進）講《史記》，周癸叔（岸登）講詞，向仙樵（楚）講《楚辭》，祝屺懷講《資治通鑒》，李培甫（植）講《説文》，李炳英講《莊子》，

1　四川省社會科學院，四川省人民政府文史研究館．國學：第1集[M]．成都：四川人民出版社，2014：455
2　王叔岷．莊學管窺[M]．北京：中華書局，2007: 1
3　王叔岷．慕廬憶往：王叔岷回憶録[M]．北京：中華書局，2007: 42

趙少鹹講《廣韻》，彭芸生講杜詩，龐石帚講《文心雕龍》，蕭仲倫講《詩經》，曾宇康講《文選》，劉大傑講《中國文學史》，後又聘請向宗魯講《校讎學》《管子》《淮南子》，陳季皐講《漢書》』，是名副其實的蜀學中心。[1]王叔岷在四川大學求學期間成績優異，『每學期考試總評分皆在九十分以上，名列第一』[2]。他頗具文名，深受系裡各位教授的器重。1940年8月18日《國立四川大學週

刊》刊登文章介紹王叔岷，稱其『爲人温柔敦厚，聰穎絶倫，好學深思，孜孜不倦』。在校期間，他的著作已達八九種之多，如《老子闡微》《莊子内篇補注》等。他尤其喜歡老莊之學，曾經斷言：『今世習俗浮奢，非發揚老莊之道，不足以使民歸淳返樸，用挽頽風』。其畢業論文《莊子内篇補注》（三卷），即大宗師、應帝王二篇，是在當時的系主任李炳英先生的指導下完成的。李炳英（1889—1957），名蔚芬，

1 高增德，丁東．世紀學人自述：第四卷[M]．北京：十月文藝出版社，2000: 198

2 王叔岷．慕廬憶往：王叔岷回憶録[M]．北京：中華書局，2007: 40

四川中江人。早年留學日本，受孫中山影響加入同盟會。歸國後，在熊克武蜀軍政府中任職。熊克武被蔣介石軟禁後，李炳英轉入教育界，並於1937年至1940年間任國立四川大學中文系主任。李炳英在日本留學期間，曾在章太炎門下聽講《莊子》《説文》《楚辭》諸書。在大學任教期間，他致力於《史記》《莊子》專書研究，曾撰有《莊子補注》，屈守元稱其『以《莊子》解《莊子》，精義疊出』[1]。李炳英對王叔岷的畢業論文評價頗高，稱其『闡述郭誼，頗多引證』，並給了九十分的高分。王叔岷也正是憑藉《莊子內篇補注》以及平日所作詩文受到傅斯年等人青睞，順利考入國立北京大學文科研究所。

從國立四川大學畢業後，王叔岷受到徐中舒先生的勉勵，決定報考國立北京大學文科研究所，並於1940年被録取。因王叔岷曾選修徐中舒先生的《金石甲骨學》，學術生涯得其指點迷津，遂視徐中舒先生爲繼自己父親之後的第二位恩師。當時的國立北京大學文科研究所因爲導師分屬國立北京大學和中央研究院歷史語言研究所而分散在兩地：國立北京大學導師指導的學生在昆明上課，而中央研究院歷史語言研究所爲了躲避日軍轟炸，於1940年底遷往『地圖上找不到的地方』——四川省南溪縣李莊。在此期間，傅斯年指導的學生除了王叔岷外，還有另一位後來赫赫有名的『兩千萬先生』王利器。二人均來自國立四川大

1 中國人民政治協商會議四川省委員會文史資料研究委員會．四川文史資料選輯：第42輯[M]．成都：四川人民出版社，1994: 125–129

學中文系，後一在臺灣，一在大陸，都是著名的校勘大家，名重學林。王叔岷、王利器選擇來李莊求學，除了傅斯年的個人魅力外，還因爲這裡有當時中國最好的文科圖書館——中央研究院歷史語言研究所圖書館（現名『傅斯年圖書館』）。1941年秋，王叔岷背書攜琴，赴李莊報到。他意氣風發，沿途所見，賦詩紀行：『宿讀李莊書，今向李莊行。行行八百里，山水路縱橫。秋色澹無際，秋性轉凄清。適然居得所，山坳屋數楹。奇書十萬卷，隨我啖其精。素琴常在壁，信手陶吾情。庭前多好鳥，時時弄巧聲。户外多修竹，翠色拂新晴。人生適志耳，即此寄浮生。』[1]才子本色，顯露無疑。

傅斯年是對王叔岷學術生涯影響最大的一位導師。傅斯年（1896—1950），字夢真，山東聊城人，曾任中央研究院歷史語言研究所所長、國立北京大學文科研究所所長。王叔岷在國立北京大學文科研究所求學期間，一方面，傅斯年爲王叔岷的學術研究提供便利，贈《四部叢刊》影印明世德堂本《南華真經》一部五冊，《四部備要》本王士禎《古詩選》、姚鼐《今體詩鈔》一部兩冊供其使用。據任繼愈先生回憶，『那時傅斯年就發現王叔岷是個可靠之才，着意培養，並用金條買了一部宋本《莊子》，專給王叔岷用，用完鎖在保險櫃裡。』[2]另外，在傅斯年先生的精心籌劃下，中央研究院歷史語言研究所圖書館完整南遷，

1 王叔岷. 慕廬憶往：王叔岷回憶録[M]. 北京：中華書局，2007: 47–49
2 李靜. 才性超逸校讎大家：任繼愈談王叔岷[N]. 中華讀書報，2007-8-22: 5

豐富的館藏資源爲王叔岷的莊學研究提供了充分的文獻保障。

另一方面，在傅斯年的提點下，王叔岷開啟了『由實入虛』的治學途徑。王叔岷回憶自己與傅斯年的第一次見面：

> 傅先生問我：『你將欲研究何書？』答云：『《莊子》。』傅先生笑笑，就背誦《齊物論》最後『昔者莊周夢爲蝴蝶』章，一副怡然自得的樣子。傅先生忽又很嚴肅地説：『研究《莊子》當從校勘訓詁入手才切實。』怎麼研究空靈超脱的《莊子》要從校勘訓詁入手？我懷疑有這個必要嗎？傅先生繼續翻我的詩，又説：『要把才子氣洗乾淨，三年之内不許發表文章。』我當時很不自在，又無可奈何。既然來到研究所，只有決心下苦工，從基礎功夫研究《莊子》。[1]

這次見面給王叔岷留下了深刻的印象，同時也是他學術生涯的重要轉折點。遵循『洗掉才子氣』的訓誡，王叔岷從校勘、訓詁入手，在研究過程中形成了自己獨特的莊學研究方法：『由校勘訓詁而通義理，由篤實而達空靈。』1943年秋，他以校勘訓詁爲基礎，博覽群書，廣輯資料，完成關於《莊子》考校及義

---

1 王叔岷：慕廬憶往：王叔岷回憶録[M]．北京：中華書局，2007：272

理闡發的論文十余篇，集成《讀莊論叢》作爲畢業論文，順利獲得碩士學位。此後，他在中央研究院歷史語言研究所任助理研究員，繼續校釋《莊子》，並於1944年完成《莊子校釋》二十余萬字。該書一問世，立即受到學界好評，廣被徵引。王叔岷稱：『這部書雖然不成熟，爲岷由愛好文學投入樸學以探義理之第一步，本此旁通，來日著述遂源源不絕，實深感當初傅先生之啟示與鼓勵也。』[1]《莊子校釋》實爲王叔岷莊學研究的奠基之作。

1947年，《莊子校釋》由商務印書館出版。此後經多次補充修訂，王叔岷撰寫《莊子校釋後記》《蜀本南華真經校記》《倫敦博物館敦煌莊子殘卷斠補》《莊子校釋補録》等書，以補當年校《莊》之未備。多年來，王叔岷意欲重校《莊子》，然因撰述其他專書或文章而無暇兼顧。1981年，王叔岷在歷時十七年完成《史記斠正》之後，終於將校《莊》一事付諸實施，此時他已年屆七十。他克服體弱多病帶來的種種困難，潛心著述，歷時四年，終於完成120萬字的皇皇巨著——《莊子校詮》。一般人認爲，校勘書籍枯燥乏味，無甚趣味，只要有枯坐死守持之以恆就能勝任，殊不知『才性』或者『悟性』在校書過程中十分重要。面對同樣的材料，從案語判斷中可以看出作者的學術水準，有無『才性』，高下立判。《莊子》一書歷來受到文人學士鍾愛，校《莊》解《莊》的著作不勝枚舉。王叔岷《莊子校詮》以豐富翔實的資料搜羅

1 王叔岷：慕廬憶往：王叔岷回憶録[M]．北京：中華書局，2007: 54–55

搜羅、細緻嚴謹的校勘訓詁、新穎別致的義理闡發，名重學林。該書在彙集前人研究成果的基礎上，不斷超越，屢創新解，解決了很多長久以來懸而未決的疑惑，最大限度地還原了《莊子》一書的原貌，此等成就與王叔岷的『才性』密不可分。王叔岷之學術兼及四部，以《莊子》爲中心，但不局限於《莊子》。他對《史記》《列子》《劉子》《世説新語》《顔氏家訓》《列仙傳》《詩品》《陶淵明集》等漢魏六朝典籍皆用力頗勤，校讎箋證，淵博精深，均爲傳世名作。除校勘典籍之外，王叔岷撰寫《莊學管窺》《先秦道法思想講稿》，融校勘、訓釋、義理爲一體，由篤實入空靈，則是其才性人生的進一步昇華。

王叔岷自言『其始校《莊子》，在西川南溪之李莊』，是指系統地繼承朴學傳統校勘《莊子》文本而言，或爲過謙之詞。其在國立四川大學中文系求學期間，已經幾乎是憑一己之力完成了《莊子内篇補注》，在師輩和同學中引起強烈的反響，這完全可以看作王叔岷莊學研究之始。他在畢業論文的《自序》中説：『暇時之作《莊子内篇補注七卷》已成，今屆畢業，擬以之作論文。惜屆時多艱，無法謄寫，僅將《大宗師》《應帝王》二篇裝訂成卷，呈師指正』『本書之作先得業師李炳英先生指導』。這就表明其以學術化視角研究莊子始於國立四川大學，並且得到李炳英先生的指導。因此，王叔岷始校《莊子》，並非在西川南溪之李莊，實在國立四川大學。在畢業論文《莊子内篇補注》的《凡例》中，王叔岷已經提出『以莊解莊』『義理注釋考據並重』原則。這在他以後的莊學研究中得到一如既往的貫徹。我們完全可以説，王叔岷的本科畢業論文《莊子内篇補注》之《大宗師》《應帝王》篇既是其初試莊學的作品，也是其在學術研究上的一次重要探索。二十世紀四十年代，王叔岷在中央研究院歷史語言研究所完成的《莊子校釋》則是其以朴學探義理的重要實踐。這次重要的學術轉型爲其以後的莊學研究打下了堅實的基礎。經過四十年的沈潞，王叔岷又在垂暮之年殫精竭慮地完成《莊子校詮》，代表了二十世紀莊學研究的新高度。這所有一切於王叔岷而言，既是夙願，也是夙緣。蜀西王叔岷，實乃校勘之名家，莊學之功臣！

王叔岷在國立四川大學期間的莊學研究，以《莊子内篇補注》等爲代表，是他一生躬耕莊學的初始之作和探索之作。今四川大學圖書館將館藏王叔岷畢業論文《莊子内篇補注》（三卷）作爲《四川大學館藏精品集萃叢書》之一整理出版，並附《莊子校釋》《莊子校詮》相關部分。將三者相互參照，既顯川大學術之恢弘，又考莊學研究之流變，是『辨章學術，考鏡源流』的文獻研究的成果，更是『功崇惟志，業廣惟勤』的匠心文化的體現。

目録

國立四川大學畢業論文

《莊子內篇補注》（卷三）

文學院

中國文學系

四年級

畢業生學號 24008

畢業生姓名王叔岷

評閱教授________

畢業論文審查委員會蓋章

________字號

評語

闡述郭誼

頗多引證

90分

評閱教授簽字蓋章　李炳英

____年__月__日

畢業論文審查委員會蓋章

____年__月__日

凡例

一　本書之作先得業師李炳英先生指導

一　本書義理訓詁考據三者並重

一　義理以郭子玄爲主郭注清奧淵深非後人所及其微有瑕玼處即爲之辯正

一　訓詁考據則兼採各家之長或補己所見附於陸德明釋文之下

一　其有逸文錯簡據宋藏諸本及其他善本補訂於後

一　老子淮南子與莊子有相貫通參證之處皆述明之

一　名人札記語録有能闡發莊子精義者亦間採之

一　二篇之義並以莊解莊昔人往往牽就儒釋之理反失其真諦矣

自序

暇時作莊子內篇補注七篇已成今届畢業擬以之作論文惜遭時多艱無法謄寫僅將大宗師應帝王二篇裝訂成卷呈業師指正竊以大宗師言內聖之道應帝王明外王之理道家之旨亦略具於此矣

莊子內篇補注卷三上

蜀西王叔岷補注

大宗師第六

〔注〕雖天地之大萬物之富其所宗而師者無心也〔釋文〕大宗師崔云遺形忘生當大宗此法也○叔岷曰夫明白於天地之德者此之謂大本大宗與天和者也與天和者謂之天樂知天樂者其生也天行其死也物化天道篇惟無心而應之而已耳此篇蓋發明內聖之道以無心爲妙用以玄同天人不死不生爲究竟其緒餘亦足以平政治民應

平帝王之德也

知天之所爲知人之所爲者至矣〔注〕知天人之所爲者皆自然也則內放其身而外冥於物與衆玄同任之而無不至者也○叔岷曰天之道自然也人之道不得已也聖人因其不得已以合於自然所謂玄同天人至矣盡矣**知天之所爲者天而生也**〔注〕天者自然之謂也夫爲爲者不能爲而爲自爲耳爲知者不能知而知自知耳自知耳不知也不知也則知出於不知矣自爲耳不爲也不爲也則爲出於不爲矣爲出於不爲故以不爲爲主知出於不知故以不知爲宗是故眞人遺知而知不爲而爲自然而生坐忘而得故知稱絕而爲名去也○叔岷曰夫知自知耳人皆知尊其知之所知而莫知恃其知之所不知而後知可不謂大疑乎則陽篇夫爲自爲耳人皆知尊其爲之所爲而莫知恃其爲之所不爲而後爲

可不謂大癡乎若夫聖人則去知與爲而循天之理矣〔釋文〕天而生向崔本作失而生知稱尺證反知人之所爲者以其知之所知以養其知之所不知終其天年而不中道夭者是知之盛也〔注〕人之生也形雖七尺而五常必具故雖區區之身乃舉天地而奉之故天地萬物凡所有者不可一日而相無也一物不具則生者無由得生一理不至則天年無緣得終然身之所有者知或不知也理之所存者爲或不爲也故知之所知者寡而身之所有者衆爲之所爲者少而理之所存者博在上者莫能器之而求其備焉人之所知不必同而所爲不敢異異則僞成矣僞成而真亦喪者未之有也或好知而不倦以困其百體所好不過一枝而舉根俱弊斯以其所知而害所不知也若夫知之盛也知人之所爲者有分故任而不强也知人之所知者有極

故用而不當也故所知不以無涯自困則一體之中知與不知闇相與會而俱全矣斯以其所知養所不知者也〔釋文〕不喪息浪反下皆同或好呼報反下同不強其兩反○盧文弨曰今本書作彊**雖然有患**〔注〕雖知盛未若遺知任天之無患也**夫知有所待而後當**〔注〕夫知者未能無可無不可故必有待也若乃任天而生者則遇物而當也**其所待者特未定也**〔注〕有待則無定也**庸詎知吾所謂天之非人乎所謂人之非天乎**〔注〕我生有涯天也心欲益之人也然此人之所謂耳物無非天也者自然者也人皆自然則治亂成敗遇與不遇非人爲也皆自然耳〔釋文〕庸詎徐其庶反則治直吏反**且有真人而後有真知**〔注〕有真人而後天下之知皆得其真而不可亂也

○叔岷曰真知者無知也無知深矣知之淺矣無知內矣知之外矣惟真人然後知無知之知參

知北遊篇**何謂真人**○叔岷案天下篇不離於真謂之至人惟至人不離於真故真人即至人下文云登高不慄入水不濡入火不熱他篇皆以爲至人**古之真人不逆寡**〔注〕凡寡皆不逆則所順者衆矣**不雄成**〔注〕不恃其成而處物先**不謨士**〔注〕縱心直前而羣士自合非謀謨以致之者也○解故說文士事也古士事本一字不謩事者不謀事也〔釋文〕不謨没乎反**若然者過而弗悔當而不自得也**〔注〕直自全當而無過耳非以得失經心者也○俞樾曰過者謂於事有所過失也當者謂行之而當也在衆人之情於事有所過失則悔矣行之而當則自以爲得矣真人不然故曰過而弗悔當而不自得也正文明言過郭注謂全當而無過失之○叔岷案郭注直自全當而無過蓋無所謂過與當也故曰不以得失經心俞氏不明郭義**若然者登高不慄入水**

不濡入火不熱是知之能登假於道者也若此〔注〕言夫知之登至於道者若此之遠也理固自全非畏死也故真人陸行而非避濡也遠火而非逃熱也無過而非措當也故雖不以熱爲熱而未當赴火不以濡爲濡而未嘗蹈水不以死爲死而未嘗喪生故夫生者豈生之而生哉成者豈成之而成哉故任之而無不至者真人也豈有概意於所遇哉○叔岷曰真人者察乎安危寧於禍福謹於去就故無往而不自得也逍遥遊齊物論達生田子方秋水諸篇皆有與此相同之喻詳逍遥遊注〔釋文〕不慄音栗不濡而朱反登假更百反至也○叔岷案郭注夫知之登至於道者是以假訓至登假連文而於德充符篇是擇日而登假人則從是也以登假分讀失其義矣假或讀遐或讀格皆可通詳德充符注遠火于萬反有概古愛反古之真人

其寢不夢〔注〕無意想也**其覺无憂**〔注〕當所遇而安也○叔岷曰夫真人用心杖性依神相扶而得終始是故其寐不寢其覺不憂淮南俶真篇〔釋文〕其覺古孝反**其食不甘**〔注〕理當食耳○叔岷曰無嗜欲也**其息深深真人之息以踵**〔注〕乃在根本中來者也〔釋文〕深深李云内息之貌以踵章勇反王穆夜云起息於踵遍體而深○叔岷案義海纂微引吕惠卿注踵者氣之元息之所起身以足爲踵息以所自起爲踵**衆人之息以喉屈服者其嗌言若哇**〔注〕氣不平暢〔釋文〕以喉向云喘悸之息以喉爲節言情欲奔競所致其嗌音益郭音厄厄咽喉也○説文嗌咽也若哇獲媧反徐胡卦反又音絓崔一音於佳反結也言咽喉之氣結礙不通也簡文云哇嘔也**其耆欲深者其天機淺**〔注〕深根寧極然後反一無欲也〔釋文〕其耆市志反○叔

岷案耆借爲嗜經傳多通叚說文嗜喜欲之也古之真人不知說生不知惡死〔注〕與化爲體者也○叔岷曰人之生氣之聚也氣聚則生氣散則死知北遊篇故真人生而不說死而不禍知終始之不可故也秋水篇〔釋文〕說生音悅惡死烏路反其出不訢其入不距〔注〕泰然而任之也〔釋文〕不訢音欣又音祈○訢欣古今字不距本又作拒音巨李云欣出則營生距入則惡死○解故訢借爲忻說文忻闓也闓開也司馬法曰善者忻民之善閉民之惡距亦閉也忻距相對爲文○叔岷曰出而開之是出而陽也入而閉之是入而藏也真人則泰然中適故无入而藏无出而陽達生篇翛然而往翛然而來而已矣〔注〕寄之至理故往來而不難也〔釋文〕翛然音蕭本又作儵徐音叔郭與久反李音悠向云翛然自然無心而自爾之謂郭崔云往來不難之貌司馬云儵疾貌○說文儵疾也不忘其

所始不求其所終〔注〕終始變化皆忘之矣豈直逆忘其生而猶復探求死意也○叔岷曰終始相反乎無端故真人不忘不求正而待之而已耳〔釋文〕猶復扶又反下非復同受而喜之〔注〕不問所受者何物遇之而無不適也○叔岷曰無不受而不逍遥也忘而復之〔注〕復之不由於識乃至也○叔岷曰無知以反其宗也是之謂不以心捐道不以人助天是之謂真人〔注〕人生而靜天之性也感物而動性之欲也物之感人無窮人之逐欲無節則天理滅矣真人知用心則背道助天則傷生故不爲也〔釋文〕捐徐以全反郭作揖一入反崔云或作楫所以行舟也○褚伯秀曰不以心捐道竊疑捐應是緣徇也逐也庶協下文不以人助天之義齊物論不喜求不緣道可證音存而字訛耳○俞樾曰捐字誤釋文云郭作揖崔云或作楫所以行舟也其義彌不可通疑皆偝字之誤偝即背字故郭注曰真人知用心則背道助天則傷生

是郭所據本正作偝也○解故捐當從郭作揖説文揖手箸匈也箸匈爲揖引申爲匈有所箸不以心揖道者不以心箸道也所謂不訢不距不忘不求也○叔岷案作揖是也不揖道猶言不緣道俞校捐爲偝其義尚淺則背音佩**若然者其心志**〔注〕所居而安爲志○叔岷案義海纂微引趙以夫注校志爲忘褚伯秀曰志字諸解多牽強不通趙氏正爲忘字與容寂義協其論甚當原本應是如此傳寫小差耳**其容寂**〔注〕雖行而無傷於靜〔釋文〕容寂本亦作㝉崔本作宗○叔岷案宗寂古今字説文宗無人聲也方言作㝉靜也**其顙頯**〔注〕頯大朴之貌〔釋文〕其顙息黨反崔云頟也頯徐去軌反郭苦對反李音仇一音逵權也王云質朴無飾也向本作魌云魌然大朴貌廣雅云魌大也五罪反○叔岷案天道篇而顙頯然郭注高露發美之貌頯本又作顯司馬本作魌彼當以作顯爲是乃與上文崖然衝然下文闞然義

然一例從郭注亦應作顯此則當作頹大朴貌也淒然似秋〔注〕殺物非爲威也〔釋文〕淒然七西反煖然似春〔注〕生物非爲仁也○叔岷曰夫至精之動若春氣之生秋氣之殺也淮南主術篇〔釋文〕煖然音暄徐況晚反喜怒通四時〔注〕夫體道合變者與寒暑同其溫嚴而未嘗有心也然有溫嚴之貌生殺之節故寄名於喜怒也與物有宜而莫知其極〔注〕無心於物故不奪物宜無物不宜故莫知其極故聖人之用兵也亡國而不失人心〔釋文〕亡國而不失人心崔云亡敵國而得其人心利澤施乎萬世不爲愛人〔注〕因人心之所欲亡而亡之故不失人心也夫白日登天六合俱照非愛人而照之也故聖人之在天下煖焉若春陽之自和故蒙澤者不謝淒乎若秋霜之降故凋

落者不怨也故樂通物非聖人也〔注〕夫聖人無樂也直莫之塞而物自通○叔岷曰聖人者原天地之美而達萬物之理知北遊篇故無所樂通而物自通有親非仁也〔注〕至仁無親任理而自存天時非賢也〔注〕時天者未若忘時而自合之賢也○叔岷案天時依郭注本或作時天利害不通非君子也〔注〕不能一是非之塗而就利違害則傷德而累當矣行名失己非士也〔注〕善爲士者遺名而自得故名當其實而福應其身○叔岷曰善爲士者无以得徇名也秋水篇吳汝倫云行當作徇〔釋文〕行名下孟反福應應對之應亡身不真非役人也〔注〕自失其性而矯以從物受役多矣安能役人乎○叔岷曰惟至人不離於真故緣虛而葆真田子方篇若狐不偕務光伯夷叔齊箕子胥餘紀他申徒狄

是役人之役適人之適而不自適其適者也〔注〕斯皆舍己效人徇彼傷我者也○叔岷曰夫不自見而見彼不自得而得彼者是得人之得而不自得其得者也適人之適而不自適其適者也夫適人之適而不自適其適雖盜跖與聖人是同爲淫僻也駢拇篇（本作盜跖與伯夷）〔釋文〕狐不偕司馬云古賢人也○一云堯時賢人不受堯讓投河而死務光皇甫謐云黃帝時人耳長七寸○一云夏時人餌藥養性好鼓琴湯讓天下不受自負石沈於廬水伯夷叔齊孤竹君之二子箕子胥餘司馬云胥餘箕子名也見尸子崔同又云尸子曰箕子胥餘漆身爲厲被髮佯狂或云尸子曰比干也胥餘其名○郭慶藩曰書微子正義僖十五年左傳正義論語十八正義並引司馬云箕子名胥餘與釋文異○一云胥餘楚大夫伍奢之子名員字子胥吳王夫差之臣忠諫不從抉眼而死屍沈於江紀他徒河反申徒狄殷時人負石自沈於河崔本作司徒狄○紀他湯時逸人聞湯讓務光恐及乎己遂將弟子陷於窾水而死申徒狄聞之因以踣河○叔岷案司徒狄或作勝

徒狄中司勝三字古並通用注詳齊物論皆舍音捨下同**古之真人其狀義而不朋**

〔注〕**與物同宜而非朋黨**○俞樾曰郭注訓義爲宜朋爲黨望文生訓殊爲失之此言其狀豈言其德乎義當讀爲峨峨與義並從我聲故得通用天道篇而狀義然義然即峨然也朋讀爲崩易復象辭朋來无咎漢書五行志引作崩來无咎是也其狀峨而不崩者言其狀峨然高大而不崩壞也廣雅釋詁峨高也釋訓峨峨高也高與大義相近故文選西京賦神山峨峨薛綜注云峨峨高大也天道篇義然即可以此説之郭不知義爲峨之叚字於此文則訓爲宜於彼文則曰踶跂自持之貌皆就本字爲説失之○解故俞先生以義爲峨以朋爲崩案義當爲本字公羊桓二年傳義形于色朋即馮之借方言馮怒也楚辭曰康回馮怒亦訓盛楚辭曰馮翼惟象盜跖篇云侅溺於馮氣其作朋者吴語奮其朋勢以朋爲馮猶淜河作馮河也義而不朋謂義形於色

而無奮矜之容也**若不足而不承**〔注〕沖虛無餘如不足也下之而無不上若不足而不承也〔釋文〕不承如字李云迎也又音拯不上時掌反**與乎其觚而不堅也**〔注〕常游於獨而非固守〔釋文〕與乎如字又音豫同云疑貌○盧文弨曰同當是向字之誤其觚音孤王云觚特立不羣也崔云觚棱也○俞樾曰郭注曰常遊於獨而非固守是讀觚爲孤然與不堅之義殊不相應釋文引崔云觚棱也亦與不堅之義不應殆皆非也養生主篇技經肯綮之未嘗而況大軱乎釋文引崔云綮結骨疑此觚字即彼軱字骨之綮結是至堅者也軱而不堅是謂真人崔不知觚軱之同字故前後異訓耳○叔岷案養生主篇釋文軱音孤向郭作觚此文觚而不堅釋文亦音孤軱觚並與孤通（孤者曲戾大骨即孤踝也曲戾猶綮結引申有堅義義）詳養生主注又案李楨曰與乎二字與下與乎止我德也複疑此誤注云常遊

於獨就遊字義求之或元是趣字抑或是悤字說文趣安行也悤趣步悤悤也並與遊義合**張乎其虛而不華也**〔注〕曠然無懷乃至於實**邴邴乎其似喜乎**〔注〕至人無喜暢然和適故似喜也〔釋文〕邴邴徐音丙郭甫杏反向云喜貌簡文云明貌○叔岷案邴借爲炳說文炳明也○喜乎成玄英文如海張君房本作喜也**崔乎其不得已乎**〔注〕動靜行止常居必然之極〔釋文〕崔乎于罪反徐息罪反郭且雷反向云動貌簡文云速貌○解故崔借爲讙催邶風音義引韓詩摧作讙就也就即蹴之省借讙就即今言催蹙說文無讙但作摧催讙乎其不得已言蹙然如不得已也簡文訓速貌得之○崔乎成玄英文如海張君房本作崔崔乎已乎作已也**滀乎進我色也**〔注〕不以物傷己也〔釋文〕本又作慉勑六反司馬云色憤起貌王云富有德充也簡文云聚也**與乎止我德也**

〔注〕無所趨也○叔岷案與即與與如也之與論語馬注與與威儀中適之貌**厲乎其似世乎**〔注〕至人無厲與世同行故若厲也〔釋文〕厲乎如字崔本作廣云苞羅者廣也○俞樾曰郭注殊不可通且如注意當云世乎其似厲不當反言其似世也今案世乃泰之叚字荀子榮辱篇憍泄者人之殃也劉氏台拱補注曰憍泄即驕泰之異文荀子他篇或作汏或作忲或作泰皆同漏泄之泄古多與外大害敗爲韻亦讀如泰也又引賈子簡泄不可以得士爲證然則以世爲泰猶以泄爲泰也猛厲與驕泰其義相應釋文曰厲崔本作廣廣大亦與泰義相應泰亦大也若以本字讀之而曰似世則皆不可通矣○郭慶藩曰厲當從崔本作廣者是郭注訓與世同行則有廣大之義然既曰無厲又曰若厲殊失解義經傳中厲廣二字往往而混如禮月令天子乃厲飾淮南時則篇作廣飾史記平津侯傳厲賢予祿徐廣曰厲亦作廣儒林傳以廣賢材漢書廣作厲漢書地理志齊郡廣說文水部注廣謁爲厲皆其證又案俞氏云世爲泰之

叚字是也古無泰字其字作大大世二字古音義同得通用也禮曲禮不敢與世子同名注世或作大春秋文三十年大室屋壞公羊作世室衛太叔儀公羊作世叔儀宋樂大心公羊作樂世心鄭子人叔論語作世叔皆其證○解故俞先生曰世借爲驕泰之泰世叔作大叔世子作大子世室作大室是其例○世乎成玄英文如海張君房本作世也

謷乎其未可制也〔注〕高放而自得〔釋文〕謷乎五羔反徐五到反司馬云志遠貌王云高邁於俗也○叔岷案謷借爲敖爾雅釋訓敖敖傲也釋文敖本又作謷

連乎其似好閉也〔注〕綿邈深遠莫見其門〔釋文〕連乎如字李云連綿長貌崔云蹇連也音輦○叔岷案揚雄傳孟軻雖連蹇張晏曰連蹇難也似好呼報反下皆同

悗乎忘其言也〔注〕不識不知而天機自發故悗然也〔釋文〕悗乎亡本反字或作免李云無匹貌王云廢忘也崔云婉順也○叔

岷案悗借爲婉說文婉順也**以刑爲體**〔注〕刑者治之體非我爲〔釋文〕治之直吏反**以禮爲翼**〔注〕禮者世之所以自行耳非我制**以知爲時**〔注〕知者時之動非我唱**以德爲循**〔注〕德者自彼所循非我作〔釋文〕爲循本亦作脩兩得○俞樾曰釋文循本亦作脩兩得然下文云以德爲循者言其與有足者至於丘也則自以作循爲是說文彳部循順行也故曰與有足者至於丘若作脩字則無義矣蓋字相似而誤陸氏以爲兩得非○郭慶藩曰作循是也廣雅循述也詩邶風傳述循也隸書循脩字易混易繫辭損德之脩也釋文馬作循晉語曚瞍脩聲王制正義作循聲史記商君傳湯武不循古而王索隱商君書作脩古管子九守篇循名而督實今本譌作脩皆其例○叔岷案循脩形易混如淮南原道篇是故聖人一度循軌宋藏本皆譌作脩軌覽冥篇脩伏犧之迹脩當作循亦其證**以刑爲體**

者綽乎其殺也〔注〕任治之自殺故雖殺而寬〔釋文〕綽乎昌略反崔本作淖

○解故綽乎其殺文不可通注言雖殺而寬甚迂殺當借爲察鄉飲酒義愁之以時察注察或爲殺是其例綽從卓聲得借爲焯説文焯明也周書曰焯見三有俊心焯乎其察猶言明乎其察也循焯之聲類求之又變作逴匡謬正俗曰俗呼檢察探試謂之覆圻當爲覆逴逴音敕角反按晉令成帝元年四月十七日甲寅詔書云火節度七條云火發之日詣火所越救御史蘭臺令史覆逴有不以法隨事録坐又云交互逴覆有犯禁者依制罰之據此逴即檢驗之謂逴乎其察義益明白任刑法者其政察察故曰以刑爲體者逴乎其察也○叔岷案刑與形通昭十二年左傳形民之力而無醉飽之心家語形作刑以形爲體者天下篇在己無居形物自著郭注不自是而委萬物使物形各自彰著是其義也荀子解蔽云萬物莫形而不見莫見而不論莫論而失位蓋即

焯乎其察之意矣解故說殺借爲察**以禮爲翼者所以行於世也**〔注〕順世之所行故無不行**以知爲時者不得已於事也**〔注〕夫高下相受不可逆之流也小大相羣不得已之勢也曠然無情羣知之府也承百流之會居師人之極者奚爲哉任時世之知委必然之事付之天下而已**以德爲循者言其與有足者至於丘也**〔注〕丘者所以本也以性言之則性之本也夫物各有足足於本也付羣德之自循斯與有足者至於本也本至而理盡矣○劉師培曰丘與虛同說文丘謂之虛人間世惟道集虛**而人真以爲勤行者也**〔注〕凡此皆自彼而成成之不在已則雖處萬機之極而常閒暇自適忽然不覺事之經身悗然不識言之在口而人之大迷真謂至人之爲勤行者也

〔釋文〕常閒音閑故其好之也一，其弗好之也一。〔注〕常無心而順彼，故好與不好所善所惡與彼無二也。○叔岷曰：天地運而相通，萬物總而爲一。能知一則無一之不知也，不能知一則無一之可知也。淮南精神篇其一也一，其不一也一。〔注〕其一也天徒也，其不一也人徒也。夫真人同天人，均彼我，不以其一異乎不一。其一與天爲徒，〔注〕無有而不一者，天也。其不一與人爲徒。〔注〕彼彼而我我者，人也。天與人不相勝也，是之謂真人。〔注〕夫真人同天人，齊萬致，萬致不相非，天人不相勝，故曠然無不一，冥然無不往，而玄同彼我也。○叔岷曰：達於道者，不以人易天。淮南原道篇無心而任彼，故能安化，安不化也。知北遊篇

死生，命也，其有夜旦之常，天也。〔注〕其有晝夜之常，天之道也。故知死生

者命之極非妄然也若夜旦耳奚所係哉〔釋文〕夜旦如字崔本作靼音怛○吳汝倫曰有讀爲猶人之有所不得與皆物之情也〔注〕夫真人在晝得晝在夜得夜以死生爲晝夜豈有所不得而憂娱在懷皆物情耳非理也○叔岷案與如字辭也當屬下讀玩郭注亦屬下讀舊或從與屬上斷句非也易无妄象曰物與无妄王弼曰與辭也猶皆也虞翻曰與猶舉也彼特以天爲父而身猶愛之而況其卓乎〔注〕卓者獨化之謂也夫相因之功莫若獨化之至也故人之所因者天也天之所生者獨化也人皆以天爲父故晝夜之變寒暑之節猶不敢惡隨天安之況乎卓爾獨化至於玄冥之境又安得而不任之哉既任之則死生變化惟命之從也〔釋文〕其卓中學反○郭慶藩曰卓之言超也絶也獨也字同趠廣雅趠絶一作逴玉篇敕角反蹇也蹇者獨任一足故謂之逴李善西都賦注逴躒猶超絶也匡謬正

俗逴者謂超踰不依次第又作踔漢王河間獻王傳踔爾不羣說苑君道篇踔然獨立依說文當作稦禾部稦特止徐鍇特止卓止也卓趠逴踔稦古同聲通用敢惡烏路反之竟音境**人特以有君爲愈乎己而身猶死之而況其真乎**〔注〕夫真者不假於物而自然也夫自然之不可避豈直君命而已哉○叔岷曰人無適而非君也無所逃於天地之間故事其君者不擇事而安之忠之盛也而況事其真君者乎所謂真君者在萬物謂之道在人謂之心夫自事其心者哀樂不易施乎前知其不可奈何而安之若命德之至也參人間世篇

泉涸魚相與處於陸相呴以濕相濡以沫不如相忘於江湖〔注〕與其不足而相愛豈若有餘而相忘〔釋文〕泉涸户各反郭户格反爾雅云竭也相呴况于况付二反相濡本又作濡音儒或一音如戍反以沫音末相忘音亡下同

與其譽堯而非桀也不如兩忘而化其道〔注〕夫非譽皆生於不足故至足者忘善惡遺死生與變化爲一曠然無不適矣又安知堯桀之所在耶○叔岷曰夫魚相忘乎江湖人相忘乎道術下文則无事而性定无累而真全矣又案化其道外物篇作閉其所譽淮南主術篇與其譽堯而毀桀也不如掩聰明而反脩其道也即本莊子此文〔釋文〕譽堯音餘注同夫大塊載我以形勞我以生佚我以老息我以死〔注〕夫形生老死皆我也故形爲我載生爲我勞老爲我佚死爲我息四者雖變未始非我我奚惜哉〔釋文〕大塊苦怪反又苦對反徐胡罪反○郭慶藩曰文選郭景純江賦注引司馬云大塊自然也釋文闕○叔岷案齊物論郭注大塊者無物也釋文引司馬云大朴之貌淮南俶真篇高注大塊天地之間也可互參證載我以形猶成我以形舜典

疏引王肅曰載成也佚我音逸**故善吾生者乃所以善吾死也**〔注〕死與生皆命也無善則死有善則生不獨善也故若以吾生爲善乎則吾死亦善也

○叔岷曰善吾生者達生之情而自全其真全其真乃所以善其死也善即是自得自得即是適適則忘乎死生矣**夫藏舟於壑藏山於澤謂之固矣**〔注〕方言死生變化之不可逃故先舉無逃之極然後明之以必變之符將任化而無係也〔釋文〕於壑火各反**然而夜半有力者負之而走昧者不知也**〔注〕夫無力之力莫大於變化者也故乃揭天地以趨新負山岳以舍故故不暫停忽已涉新則天地萬物無時而不移也世皆新矣而自以爲故舟日易矣而視之若舊山日更矣而視之若前今交一臂而失之皆在冥中去矣故向者之我非復今我也我與今俱往豈常守故哉而世莫之覺橫謂今之所遇可係而

在豈不昧哉○俞樾曰山非可藏於澤且亦非有力者所能負之而走其義難通山疑當讀爲汕爾雅釋器罺謂之汕詩南有嘉魚篇毛傳曰汕汕樔也箋云今之撩罟也藏舟藏汕疑皆以漁者言恐爲人所竊故藏之乃世俗常有之事故莊子以爲喻耳○郭慶藩曰文選江文通雜體詩注引司馬云舟水物山陸居者藏之壑澤非人意所求謂之固有力者或能取之釋文闕○解故山不可藏諸澤故俞先生讀山爲汕引小雅蒸然汕汕箋云今之撩罟也○叔岷案俞氏讀山爲汕可備一解然藏舟藏山本莊子寓言有力者謂造化也若必以爲人則汕亦不必有力者乃能負之而走其説殊嫌迂拙仍當從郭注爲長〔釋文〕乃揭其列其謁二反藏小大有宜猶有所遯〔注〕不知與化爲體而思藏之使不化則雖至深至固各得其所宜而無以禁其日變也故夫藏而有之者不能止其遯也無藏而任化者變不能變也○叔岷案淮南俶真篇猶有所遁上無藏小大有宜一句與上文不貫當從

若夫藏天下於天下而不得所遯是恆物之大情也〔注〕無所藏而都任之則與物無不冥與化無不一故無外無内無死無生體天地而合變化索所遯而不得矣此乃常存之大情非一曲之小意〔釋文〕索所所百反特犯人之形而猶喜之若人之形者萬化而未始有極也〔注〕人形乃是萬化之一遇耳未足獨喜也無極之中所遇者皆若人耳豈特人形可喜而餘物無樂耶○郭慶藩曰文選賈長沙鵩鳥賦注引司馬云當復化而爲無釋文闕○叔岷案犯猶遇也淮南引作範高注範猶遇也遭也範者犯之借字周易繫辭傳範圍天地之化而不過釋文範圍馬王肅張作犯違故犯範通用本篇下文今一犯人之形德充符篇既犯患若是矣山木篇吾犯此數患犯皆訓遇參德充符篇注〔釋文〕無洛音洛下及注同

其爲樂可勝計邪〔注〕本非人而化爲人化爲人而失於故矣失故而喜喜所遇也變化無窮何所不遇所遇而樂樂豈有極乎○叔岷案其爲樂句上淮南俶真篇有弊而復新四字或淮南所見莊子本多此一句〔釋文〕可勝音升○叔岷案淮南俶真篇夫大塊載我以形勞我以生逸我以老休我以死善我生者乃所以善我死也夫藏舟於壑藏山於澤人謂之固矣雖然夜半有力者負而趨寐者不知猶有所遁若藏天下於天下則無所遁其形矣物豈可謂無大揚攉乎一範人之形而猶喜若人者千變萬化而未始有極也弊而復新其爲樂也可勝計邪即本莊子此段故聖人將遊於物之所不得遯而皆存〔注〕夫聖人遊於變化之塗放於日新之流萬物萬化亦與之萬化化者無極亦與之無極誰得遯之哉夫於生爲亡而於死爲存則何時而非存哉

善妖善老善始善終人猶效之〔注〕此自均於百年之内不善少而否老未能體變化齊死生也然其平粹猶足以師人也〔釋文〕善妖崔本作殀同古卯反本又作夭於表反簡文於橋反云異也○盧文弨曰今本作夭○郭慶藩曰妖字正作夭夭妖古通用史記周本紀後宫童妾所棄妖子徐廣曰妖一作夭崔氏作殀非也○叔岷案夭猶少也周本紀集解徐廣曰夭幼少也○張君房本妖作少善少詩照反否老音鄙本亦作鄙平粹雖遂反又况萬物之所係而一化之所待乎〔注〕此玄同萬物而與化爲體故其爲天下之所宗也不亦宜乎○叔岷曰人之生也有七尺之軀其死也有一棺之土生之比於有形之類猶死之淪於無形之中也其生也物不以益衆其死也土不以加厚則又安知所喜憎利害其間者邪夫造化之攫援物也譬猶陶人之埏埴也其取於地而爲盆盎也與其未離於地無以異其已成器而破碎漫瀾而復歸其故也與其爲盆盎也亦無以異矣參

淮南精神篇此聖人之所以玄同萬物冥一變化也夫道有情有信无爲无形〔注〕有無情之情故無爲也有無常之信故無形也○叔岷案老子窈兮冥兮其中有精其精甚真其中有信精猶情也荀子修身術順墨而精襍污楊注精或作情是其證可傳而不可受〔注〕古今傳而宅之莫能受而有之〔釋文〕可傳直專反注同可得而不可見〔注〕咸得自容而莫見其狀自本自根未有天地自古以固存〔注〕明無不待有而無也○叔岷曰老子云有物混成先天地生寂兮寥兮獨立而不改周行而不殆故自古以固存也神鬼神帝生天生地〔注〕無也豈能生神哉不神鬼帝而鬼帝自神斯乃不神之神也不生天地而天地自生斯乃不生之生也故夫神之果不足以神而不神則神矣功何足有事何足恃哉○解故神與生義同說文神天神引出萬物者也神鬼者引出鬼神帝者引出帝說文出進也象艸木益

溢上出達也生進也象艸木生出土上是出與生同義又釋詁神重也說文㑗神也大雅大任有身傳身重也箋重謂懷孕也廣雅釋詁孕重妊娠身媰㑗也是神與㑗聲義皆同懷孕者生之始義與引出亦相會**在太極之先而不爲高在六極之下而不爲深先天地生而不爲久長於上古而不爲老**〔**注**〕言道之無所不在也故在高爲無高在深爲無深在久爲無久在老爲無老無所不在而所在皆無也且上下無不格者不得以高卑稱也外内無不至者不得以表裏名也與久俱移者不得言久也終始常無者不可謂老也〔**釋文**〕在大極音泰之先一本作之先未崔本同○盧文弨曰今本作一本作先之無未字○俞樾曰下云在六極之下而不爲深則此當云在太極之上方與高義相應今作在太極之先則不與高義相應而轉與下文先天地生而不爲久其義相複矣周易繫辭傳曰易有太極釋文曰太極天也然則莊子原文疑本作在太極之上猶云在

天之上也後來說周易者皆以太極謂天地未分之前於是疑太極當以先後言不當以上下言乃改太極之上爲太極之先而於義不可通矣淮南子覽冥篇曰引類於太極之上先天悉薦反長於丁丈反稱也尺證反豨韋氏得之以挈天地〔釋文〕豨韋氏許豈反郭褚伊反李音豕司馬云上古帝王名以挈徐苦結反郭苦係反司馬云要也得天地要也崔云成也○叔岷案挈本亦作契說文挈縣持也古多段爲契合也伏戲氏得之以襲氣母〔釋文〕伏戲音羲崔本作伏戲氏○叔岷案伏亦作虙作庖戲亦作犧作羲以襲氣母司馬云襲入也氣母元氣之母也崔云取元氣之本○叔岷案襲當訓合淮南天文篇天地之襲精爲陰陽注襲合也維斗得之終古不忒〔釋文〕維斗李云北斗所以爲天下綱維○盧文弨曰今本天下作天之終古崔云終古久也鄭玄注周禮云終古猶言常也不忒它得反差也崔

本作代○叔岷案說文代更也忒亦更也皆從弋聲二字音義並同俗有岱字即忒字也**日月得之終古不息堪坏得之以襲崐崘**〔釋文〕堪坏徐扶眉反郭孚杯反崔作邳司馬云堪坏神名人面獸形淮南作欽負○叔岷案淮南齊俗篇文與此同字作鉗且覽冥篇亦作鉗且高注太乙之御也一說古得道之人以神氣御陰陽也疑鉗且皆欽負之譌山海經西山經鐘山其子曰鼓是與欽䲹殺祖江於昆侖之陽郭注以鼓爲神人則欽䲹亦神人也淮南高注後說得之莊子此文司馬注亦以爲神名崐崘崐或作岷同音昆下力門反崐崘山名○在北海之北**馮夷得之以遊大川**〔釋文〕馮夷司馬云清泠傳曰馮夷華陰潼鄉堤首人也服八石得水仙是爲河伯一云以八月庚子浴於河而溺死一云渡河溺死○叔岷案淮南齊俗篇馮夷得道以潛大川即本莊子此文馮夷即河伯秋水篇釋文河伯姓馮名夷一名冰夷一名馮遲夷遲字通古一云姓呂名公子馮夷是公子之妻又案酉陽雜俎十四河伯人面乘兩龍一曰冰夷一

曰馮夷又曰人面魚身金匱言名馮循河圖言姓呂名夷穆天子傳言無夷淮南子言馮遲聖賢記言服八石得水仙抱朴子言八月上庚日溺河此記頗爲詳洽其云河伯人面云云出海内北經所引金匱見封禪書索隱文選思玄賦注所引河圖與後漢書張衡傳注河圖云姓呂名公子稍異所據淮南作馮遲蓋用許本高本作夷所引聖賢記與莊子此文司馬注引清涼傳同而秋水篇釋文河伯一云姓呂名公子馮夷是公子之妻抑又乖異至穆天子傳之河伯無夷乃是古之諸侯竹書紀年所云河伯殺有易同則與此無涉**大川**河也崔本作泰川**肩吾得之以處大山**〔釋文〕肩吾司馬云山神不死至孔子時○叔岷案山海經西山經昆侖之丘神陸吾司之郭注即肩吾也大山音泰又如字**黄帝得之以登雲天**〔釋文〕黄帝崔云得道而上天也○成玄英曰黄帝軒轅也採首山之銅鑄鼎於荆山之下鼎成有龍垂於鼎以迎帝帝遂

將羣臣及後宮七十二人白日乘雲駕龍以登上天仙化而去**顓頊得之以處玄宮**〔釋文〕顓頊音專下許玉反玄宮李云顓頊帝高陽氏玄宮北方宮也月令曰其帝顓頊其神玄冥**禺強得之立乎北極**〔釋文〕禺強音虞郭語龍反司馬云山海經曰北海之渚有神人面鳥身珥兩青蛇踐兩赤蛇名禺強崔云大荒經曰北海之神名曰禺強靈龜爲之使歸藏曰昔穆王子筮卦於禺強案海外經云北方禺強黑身手足乘兩龍郭璞以爲水神人面鳥身簡文云北海神也一名禺京是黃帝之孫也**西王母得之坐乎少廣莫知其始莫知其終**〔釋文〕西王母山海經云狀如人豹尾蓬頭戴勝善嘯居海水之涯漢武內傳云西王母與上元夫人降帝美容貌神仙人也〇叔岷案西王母傳云西王母者姓緱氏字婉衿九靈太妙龜山金母也乃西華至妙洞陰之極尊戴華勝佩虎章崑崙山穴名曰少廣母常居焉或曰蓬髮戴勝虎齒善嘯者此乃王母之使金方白虎之神非王母之真形也〔酉陽雜俎謂西

王母姓楊名回一名婉衿）又案大戴禮尚書大傳竹書紀年皆以西王母爲國名**少廣**司馬云穴名崔云山名或云西方空界之名**彭祖得之上及有虞下及五伯**〔釋文〕彭祖解見逍遥遊篇崔云壽七百歲或以爲仙不死五伯如字又音霸崔李云夏伯昆吾殷大彭豕韋周齊桓晉文**傳説得之以相武丁奄有天下乘東維騎箕尾而比於列星**

〔注〕道無能也此言得之於道乃所以明其自得耳自得耳道不能使之得也我之未得又不能爲得也然則凡得之者外不資於道内不由於己掘然自得而獨化也夫生之難也猶獨化而自得之矣既得於生又何患於生之不得而爲之哉故夫爲生果不足以全生以其生之不由於己爲也而爲之則傷其真生也〔釋文〕傳説音悦得之以相息亮反武丁奄有天下乘東維騎箕尾而比於列星司馬云傳説殷相也武丁殷王高宗也東維箕斗之間天漢津之東維也

星經曰傳説一星在尾上言其乘東維騎箕尾之間也崔云傳説死其精神乘東維託龍尾乃列宿今尾上有傳説星崔本此下更有其生無父母死登假三年而形遯此言神之無能名者也凡二十二字○叔岷案淮南覽冥篇此傳説之所以騎辰尾也說文辰房星爾雅天駟房也箕尾乃二十八宿之數辰則箕尾間之一星也又案魏書張淵傳載觀象賦傳説登天而乘尾注傳説一星在尾後步天歌尾東一箇名傳説掘然其勿反

南伯子葵問乎女偊曰子之年長矣而色若孺子何也〔釋文〕南伯子葵李云葵當爲綦聲誤也女偊徐音禹李音矩一云是婦人也年長張丈反○盧文弨曰今本作丁丈反與前後同孺子本亦作孺如喻反李云弱了也○盧文弨曰今本作孺是正體

曰吾聞道矣〔注〕聞道則任其自生故氣色全也

南伯子葵曰道可得學邪曰惡惡可子非其人也○叔岷曰老子云爲學日益爲道日損學與道不相及也愈學則去道愈遠故无思无慮始知道無處無服始安道无

從无道始得道知北遊篇〔釋文〕惡惡可並音烏下惡乎同夫卜梁倚有聖人之才而无聖人之道我有聖人之道而无聖人之才〔釋文〕卜梁倚魚綺反又其綺反李云卜梁姓倚名吾欲以教之庶幾其果爲聖人乎不然以聖人之道告聖人之才亦易矣吾猶守而告之〔釋文〕亦易以豉反○叔岷案守謂不離也徐无鬼篇水之守土也審影之守形也審物之守物也審與此守字意同參日而後能外天下〔注〕外猶遺也〔釋文〕參日音三已外天下矣吾又守之七日而後能外物〔注〕物者朝夕所須切已難忘已外物矣吾又守之九日而後能外生〔注〕都遺也已外生矣而後能朝徹〔注〕遺生則不惡死不惡死故所遇即安豁然無滯見機而作斯朝徹也〔釋文〕能朝如字李除遥反下同徹如字郭司馬云朝旦也徹達妙之道李云夫能洞照不崇朝而遠徹

也○俞樾曰爾雅釋詁朝早也朝徹猶早達也郭注曰豁然無滯見機而作斯朝徹也正得其義釋文引李云不崇朝而遠徹則當爲不朝徹矣○叔岷案寓言篇自吾聞子之言一年而野二年而從三年而通四年而物五年而來六年而鬼入七年而天成八年不知死不知生九年而大妙與此段寓意正同皆言入道之次第不惡烏路反下同豁然喚活反

朝徹而後能見獨〔注〕當所遇而安之忘先後之所接斯見獨者也

見獨而後能无古今〔注〕與獨俱往

无古今而後能入於不死不生〔注〕夫係生故有死惡死故有生是以無係無惡然後能無死無生○叔岷曰能无古无今无終無始而後能不以生生死不以死死生即所謂不死不生也參知北遊篇

殺生者不死生生者不生〔釋文〕殺生者不死李云殺猶亡也亡生者不死也崔云除其營生爲殺生○江南古藏本殺生上有故字生生者不生李云矜生者不生也崔云常營其生爲生生○叔岷曰殺生

者亡生也亡生者靜尸居淵默所謂杜德機也生生者動龍見雷聲所謂善者機也參在宥應帝王二篇動靜無常變化莫測故曰不死不生崔李之注於義尚淺其爲物無不將也〔注〕任其自將故無不將○爲猶於也無不迎也〔注〕任其自迎故無不迎○解故詩百兩將之傳將送也莊子每以將迎對文即送迎也無不毀也〔注〕任其自毀故無不毀無不成也〔注〕任其自成故無不成○叔岷曰玄同物我無往不順此殆所謂衡氣機也又案齊物論其分也成也其成也毀也故無分則無成無成則無毀亦任其自成自毀而已其名爲攖寧〔注〕夫與物冥者物縈亦縈而未始不寧也〔釋文〕攖郭音縈徐於營反李於盈反崔云有所繫著也○叔岷案攖正作嬰說文嬰繞也與縈繫等義通攖寧也者攖而後成者也〔注〕物縈而獨不縈則敗矣故縈而任之則

莫不曲成也南伯子葵曰子獨惡乎聞之曰聞諸副墨之子〔釋文〕副墨李云可以副貳玄墨也崔云此已下皆古人姓名或寓之耳無其人〇副墨書冊也歸有光說

副墨之子聞諸洛誦之孫〔釋文〕洛誦李云誦通也苞洛無所不通也〇洛誦記誦也

洛誦之孫聞之瞻明〔釋文〕瞻明音占李云神明洞徹也〇瞻明見也

瞻明聞之聶許〔釋文〕聶許徐乃攝反李云許與也攝而保之無所施與也〇聶許聞也

聶許聞之需役〔釋文〕需役徐音須李音儒云儒弱爲役也王云需待也役亭毒也〇需役無爲也

需役聞之於謳〔釋文〕於音烏又如字謳徐烏侯反李香于反云謳煦也欲化之貌王云謳謌謡也〇於謳無言也

於謳聞之玄冥〔注〕玄冥者所以名無而非無也〔釋文〕玄冥李云強名曰玄視之冥然向郭云所以名無而非無也〇玄冥無心

也玄冥聞之參寥〔注〕夫階名以至無者必得無於名表故雖玄冥猶未極而又推寄於參寥亦是玄之又玄也〔釋文〕參七南反寥徐力彫反李云參高也高邈寥曠不可名也○說文寥空虛也○參寥無守也參寥聞之疑始〔注〕夫自然之理有積習而成者蓋階近以至遠研粗以至精故乃七重而後至無之名九重而後疑無是始也〔釋文〕疑始李云又疑無是始則始非無名也○疑始無極也此皆歸有光說歸氏又本之陳碧虛研粗七胡反七重直龍反下同子祀子輿子犁子來四人相與語曰孰能以无爲首以生爲脊以死爲尻孰知死生存亡之一體者吾與之友矣○叔岷曰下與外生死無終始者爲友則上可與造物者游矣參天下篇庚桑楚篇始無有既而有生生俄而死以无爲首以生爲體以死爲尻孰知有無死生之

一守者吾與之爲友與此意同〔釋文〕子祀崔云淮南作子永行年五十四而病傴僂子輿本又作與音餘子犁禮兮反爲尻苦羔反四人相視而笑莫逆於心遂相與爲友俄而子輿有病子祀往問之曰偉哉夫造物者將以予爲此拘拘也〔釋文〕偉哉韋鬼反向云美也崔云自此至鑑於井皆子祀自説病狀也○叔岷案説文偉奇也子輿有病此當是子輿自説病狀釋文引崔注以爲子祀非也成玄英曰子輿達理自歎此辭也○俞曲園校當作子求有病拘拘郭音駒司馬云體拘攣也王云不申也○俞樾曰子輿有病當作子來有病下文曰俄而子來有病當作子輿有病何以明之淮南子精神篇曰子求行年五十有四而病傴僂脊管高於頂腸下迫頤兩脾在上燭營指天匍匐自闚於井曰偉哉造化者其以我爲此拘拘邪即本莊子之文而作子求求者來字之誤尚書吕刑篇惟貨惟來馬融本來作求是其例也釋文引崔譔云淮南作子永行年五十四而病傴僂抱朴子博喻篇亦云

子永歎天倫之偉永亦求字之誤也若是子輿則與求與永絶不相似無緣致誤故知此文本作子來與下文傳寫互易矣**曲僂發背上有五管頤隱于齊肩高於頂句贅指天陰陽之氣有沴**〔注〕沴陵亂也〔釋文〕曲僂徐力主反○叔岷案説文傴僂也僂厄也通俗人曲脊謂之傴僂於頂本亦作項崔本作釭音項句俱樹反徐古侯反贅徐之税反指天李云句贅項椎也其形似贅言其上向也○叔岷案句贅即會撮髻也詳人間世注有沴音麗徐又徒顯反郭奴結反云陵亂也此引申義説文沴水不利也李同崔本作灑云滿也**其心閒而无事**〔注〕不以爲患〔釋文〕其心閒音閑崔以其心屬上句○叔岷案審文義當從崔注斷句爲是**跰𨇤而鑑於井曰嗟乎夫造物者又將以予爲此拘拘也**〔注〕夫任自然之變者無嗟也與物嗟耳〔釋文〕跰𨇤步田反下悉田反崔本作邊鮮司馬云病不能行故跰𨇤也○叔岷案跰𨇤邊鮮槃姍槃散媥姺蹁躚蹣

跚勃屑婆娑蹩躠皆一聲之轉方俗恒言寫爲殊狀耳而鑑古暫反曰嗟乎崔云此子輿辭

子祀曰汝惡之乎〔釋文〕女惡音汝下同下烏路反曰亡予何惡○叔岷曰同觀於化而化及己又何惡焉〔釋文〕曰亡如字絶句予何惡烏路反下及注同一音如字讀則連亡字爲句浸假而化予之左臂以爲雞予因以求時夜浸假而化予之右臂以爲彈予因以求鴞炙浸假而化予之尻以爲輪以神爲馬予因以乘之豈更駕哉〔注〕浸漸也夫體化合變則無往而不因無因而不可也〔釋文〕浸子鴆反向云漸也○叔岷案浸借爲侵説文侵漸進也予因以求時夜一本無求字爲彈徒旦反鴞户驕反炙章夜反○俞樾曰釋文云一本無求字當從之下云浸假而化予之右臂以爲彈予因以求鴞炙蓋以彈求鴞乃可爲炙故曰因以求鴞炙若

鷄則自能時夜即化予之左臂以爲鷄則因以時夜可矣又何求焉求字即涉下句而衍且夫

得者時也〔注〕當所遇之時世謂之得**失者順也**〔注〕時不暫停順往而去世謂之失**安時而處順哀樂不能入也**〔釋文〕哀樂音洛**此古之所謂縣解也而不能自解者物有結之**〔注〕一不能自解則衆物共結之矣故能解則無所不解不解則無所而解也〇叔岷案養生主篇適來夫子時也適去夫子順也安時而處順哀樂不能入也古者謂是帝之縣解與此文同蓋死生得失哀樂之所由生而玄通合變之士冥然與造化爲一無時而不安無順而不處哀樂惡足以動之參養生主注

〔釋文〕縣音玄解音蟹下及注同向云縣解無係也〇叔岷案縣解即玄解詳養生主注**且**

夫物不勝天久矣吾又何惡焉〔注〕天不能無晝夜我安能無死生而

惡之哉俄而子來有病喘喘然將死其妻子環而泣之〔釋文〕喘喘川轉反又尺軟反崔本作惴惴○説文喘疾息也環而如字徐音患李云繞也子犁往問之曰叱避无怛化〔注〕夫死生猶寤寐耳於理當寐不願人驚之將化而死亦宜無爲怛之也〔釋文〕叱避昌失反○叔岷案説文叱訶也訶大言而怒也无怛丁達反崔本作靼音怛案怛驚也鄭衆注周禮考工記不能驚怛是也倚其户與之語曰偉哉造化又將奚以汝爲將奚以汝適以汝爲鼠肝乎以汝爲蟲臂乎〔釋文〕倚其於綺反鼠肝向云委棄土壤而已王云取微蔑至賤蟲臂臂亦作腸崔本同

子來曰父母于子東西南北唯命之從陰陽于人不翅于父母〔注〕自古或有能違父母之命者矣未有能違陰陽之變而距晝夜之節者

也〔釋文〕不翅徐詩知反○叔岷案翅借爲啻不翅於父母成玄英曰何啻二親也彼近吾死而我不聽我則悍矣彼何罪焉〔注〕死生猶晝夜耳未足爲遠也時當死亦非所禁而橫有不聽之心適足悍逆於理以速其死其死之速由於我悍非死之罪也彼謂死耳在生故以死爲彼〔釋文〕彼近如字○成玄英曰彼造化也則悍本亦作捍胡旦反又音旱說文云捍抵也夫大塊載我以形勞我以生佚我以老息我以死故善吾生者乃所以善吾死也〔注〕理常俱也今之大冶鑄金金踊躍曰我且必爲鏌鋣大冶必以爲不祥之金今一犯人之形而曰人耳人耳夫造化者必以爲不祥之人〔注〕人耳人耳唯願爲人也亦猶金之踊躍世皆知金之不詳而不能任其自化夫變化之道靡所不遇今一遇人形豈故爲哉生非故爲時自生耳務

而有之不亦妄乎〔釋文〕我且如字徐子餘反鏌音莫鋣似嗟反鏌鋣劍名○拾遺記云昆吾山地中多丹鍊石爲銅銅色青而利草木皆劒利土亦鋼而精其山有獸大如兔毛色如金食土下之丹石深穴地以爲窟亦食銅鐵膽腎皆如鐵其雌者色白如銀昔其國武庫之中兵刀鐵器俱被食盡而封簽依然王令撿其庫穴獵得雙兔一白一黃殺之開其腹而有鐵膽腎方知兵刃之鐵爲兎所食王乃召劒工令鑄其膽腎以爲劒一雌一雄號干將者雄號鏌鋣者雌其劒可切玉斷犀王深寶之○解故今一犯人之形犯字淮南作逢犯逢雙聲借犯爲逢○叔岷案淮南俶真篇犯作範（高注範猶遇也遭也）犯範古字通章氏謂淮南作逢恐誤今一以天地爲大鑪以造化爲大冶惡乎往而不可哉〔注〕人皆知金之有係爲不祥故明己之無異於金則所係之情可解可解則無不可也〔釋文〕

大鑪劣奴反惡乎音烏可解如字下同成然寐蘧然覺〔注〕寤寐自若不以死生累心〔釋文〕成然如字崔同李云成然縣解之貌本或作戌音恤簡文云當作滅本又作眓呼括反視高貌本亦作俄然蘧然李音渠崔本作據又其據反蘧然有形之貌○叔岷案齊物論俄然覺蘧蘧然周也崔本蘧蘧亦作據據引此蘧然覺陳碧虛曰成然魂交也蘧然形開也此本齊物論其寐也魂交其覺也魂開釋之較他注爲長覺古孝反向崔本此下更有發然汗出一句云無係則津液通也崔云榮衛和通不以化爲懼也子桑户子孟子反子琴張三人相與友曰孰能相與於无相與相爲於无相爲〔注〕夫體天地冥變化者雖手足異任五藏殊官未嘗相與而百節同和斯相與於無相與也未嘗相爲而表裏俱濟斯相爲於無相爲也若乃役其心志以卹手足運其股肱以營五藏則相營愈篤而外内愈困矣故以天下爲一體者無愛爲

於其間也〔釋文〕相與如字崔云猶親也或一音豫相爲如字或一音于僞反愛爲于僞反孰能登天遊霧撓挑无極〔注〕無所不任〔釋文〕撓徐而少反郭許堯反挑徐徒了反郭李徒堯反又作兆李云撓挑猶宛轉也宛轉玄曠之中簡文云循環之名○叔岷案在宥篇絜汝適復之撓撓以游无端郭注撓撓自動也此撓挑亦其義相忘以生无所終窮〔注〕忘其生則無不忘矣故能隨變任化俱無所窮竟三人相視而笑莫逆於心遂相與爲友〔注〕若然者豈友哉蓋寄明至親而無愛念之近情也莫然有間而子桑户死未葬孔子聞之使子貢往侍事焉〔釋文〕莫然如字崔云定也○叔岷案莫猶慔也廣雅釋言莫慔也有間如字崔李云頃也李亦作爲間○郭慶藩曰有釋文作爲爲間即有間矣古爲有義通孟子滕文公篇將爲君子焉將爲野人焉趙歧注爲有也雖小國亦有君子野人也又弟子憮然爲間注爲間有頃之間也

又盡心篇爲間不用注爲間有間也又梁惠王篇善推其所爲而已矣説苑貴德篇引孟子爲作有燕策故不敢爲辭説新序雜事篇爲作有皆其證○侍事闕誤及憨山本作待事**或編曲或鼓琴相和而歌**〔釋文〕編曲必連反字林布千反郭父殄反史記甫連反李云曲蠶薄○叔岷案説文曲或曰蠶薄也又苗下云苗蠶薄也蓋以萑葦爲之詩八月萑葦毛傳豫畜萑葦可以爲曲也淮南時則篇具撲曲筥筐高注曲薄也青徐謂之曲史記索隱十六漢書周勃傳注引許注曲葦薄也據陶方琦引方言薄宋衛陳楚江淮之間謂之苗或謂之麴自關而西謂之薄南楚謂之蓬薄蓬薄即葦薄也相和胡卧反**曰嗟來桑户乎嗟來桑户乎而已反其真而我猶爲人猗**〔注〕人哭亦哭俗内之跡也齊死生忘哀樂臨尸能歌方外之至也〔釋文〕我猶崔本作獨人猗於宜反崔云辭也○叔岷案猗與兮

通書秦誓斷斷猗禮大學作斷斷兮玉篇猗歎辭也哀樂音洛子貢趨而進曰敢問臨尸而歌禮乎二人相視而笑曰是惡知禮意〔注〕夫知禮意者必遊外以經內守母以存子稱情而直往也若乃矜乎名聲牽乎形制則孝不任誠慈不任實父子兄弟懷情相欺豈禮之大意哉○叔岷曰夫禮所以貌情韓非解老有此情乃有此禮禮者外飾之所以諭內也故禮之貴在內君子之爲禮以爲其身若矜矜乎規矩準繩之中則失其所以爲禮矣道家主禮意不主禮制蓋以此也〔釋文〕惡知音烏下皆同稱情尺證反子貢反以告孔子曰彼何人者邪修行无有而外其形骸臨尸而歌顏色不變无以命之彼何人者邪〔釋文〕无以命之崔李云命名也孔子曰彼遊方之外者也而丘遊方之內者也〔注〕夫理有至極外內相冥未有極遊外之致而不冥於內者也未有能冥於內而

不遊於外者也故聖人常遊外以宏内無心以順有故雖終日揮形而神氣無變俯仰萬機而淡然自若夫見形而不及神者天下之常累也是故覩其與羣物並行則莫能謂之遺物而離人矣覩其體化而應務則莫能謂之坐忘而自得矣豈直謂聖人不然哉乃必謂至理之無此是故莊子將明流統之所宗以釋天下之可悟若直就稱仲尼之如此或者將據所見以排之故超聖人之内跡而寄方外於數子宜忘其所寄以尋述作之大意則夫遊外宏内之道坦然自明而莊子之書故是涉俗蓋世之談矣〔釋文〕而淡徒暫反而離力智反下同而應應對之應下同數子所主反坦然吐但反外内不相及而丘使女往弔之丘則陋矣〔注〕夫弔者方内之近事也施之於方外則

陋矣〔釋文〕使女音汝下同彼方且與造物者爲人而遊乎天地之一氣〔注〕皆冥之故無二也○王引之曰應帝王篇予方將與造物者爲人郭曰任人之自爲天運篇某不與化爲人郭曰夫與化爲人者任其自化者也案郭未曉人字之義人偶也爲人猶爲偶中庸仁者人也鄭注讀如相人偶之人以人意相存偶之言詩匪風箋人偶能割亨者人偶能輔周道治民者聘禮注每門輒揖者以相人偶爲敬也公食大夫禮注每曲揖及當碑揖相人偶是人與偶同義故漢時有相人偶之語淮南原道篇與造化者爲人義與此同高注爲治也非是互見淮南齊俗篇曰上與神明爲友下與造化爲人是其明證也○郭慶藩曰文選顔延年三月三日曲水詩序注引司馬云造物者爲道任彦昇到大司馬記室箋注宣德皇后令注陸佐公石闕銘注沈休文齊故安陸昭王碑文注並引司馬云造物謂道也釋文闕○解故中庸仁者人也注人也讀如相人偶之人詩匪風箋人偶能割亨者人偶能輔周道治民者此爲人亦即爲偶耳

應帝王云予方將與造物者爲人天運云某不與化爲人並同斯義章氏蓋述王引之説○叔岷案淮南俶真篇亦有與造化者爲人一語高注不明人字之義仍誤以爲訓治**彼以生爲附贅縣疣**〔注〕若疣之自縣贅之自附此氣之時聚非所樂也〔釋文〕縣音玄注同疣音尤○廣雅贅即疣也釋名横生一肉屬著體曰疣**以死爲決疣潰癰**〔注〕若疣之自決癰之自潰此氣之自散非所惜也〔釋文〕決徐苦穴反疣胡亂反○盧文弨曰今本正文亦作疣音義作疣胡虯反恐臆改潰胡對反○郭慶藩曰慧琳一切經音義卷十六大方廣三戒經下引司馬云浮熱爲疽不通爲癰卷三十持人菩薩經二卷三十七準提陀羅尼經九十五正誣經注引並同釋文闕**夫若然者又惡知死生先後之所在**〔注〕死生代謝未始有極與之俱往則無往不可故不知勝負之所在也**假於**

異物託於同體〔注〕假因也今死生聚散變化無方皆異物也無異而不假故所假雖異而共成一體也○叔岷曰生者假借也假之而生生者塵垢也死生爲晝夜至樂篇達者晏然與之俱往而已忘其肝膽遺其耳目〔注〕任之於理而冥往也○叔岷案淮南俶真篇忘肝膽遺耳目精神篇亡今誤作正肝膽遺耳目即本莊子此文反覆終始不知端倪〔注〕五藏猶忘何物足識哉未始有識故能放任於變化之塗玄同於反覆之波而不知終始之所極也〔釋文〕反覆芳服反端倪本或作淣同音崖徐音詣○叔岷案端借爲耑倪借爲題說文耑物生之題也古多叚端爲耑題額也引中爲凡居前之稱芒然彷徨乎塵垢之外逍遥乎无爲之業〔注〕所謂無爲之業非拱默而已所謂塵垢之外非伏於山林也〔釋文〕芒然莫剛反李云無係之貌彷薄剛反徨音皇塵垢如字崔本作塚均云塚音塳均垢同齊人以風塵爲塳堁

○盧文弨曰舊塳作逢今本作摓乃塳字之譌今改正○叔岷案達生篇扁子曰子獨不聞乎至人之自行邪忘其肝膽遺其耳目芒然彷徨乎塵垢之外逍遙乎无事之業注凡非真性皆塵垢也凡自爲者皆無事之業也與此文同淮南俶真篇芒然仿佯於塵埃之外而消搖於無事之業精神篇同即本於莊子俞曲園曰無事之業無事之始也廣雅釋詁業始也此亦可備一解文子九守篇亦有此文無爲之業仍作無事之業

彼又惡能憒憒然爲世俗之禮以觀衆人之耳目哉〔注〕其所以觀示於衆人者皆其塵垢耳非方外之冥物也〔釋文〕憒憒工內反説文倉頡篇並云亂也以觀古亂反示也注同

子貢曰然則夫子何方之依〔注〕子貢不聞性與天道故見其所依而不見其所以依也夫所以依者不依也世豈覺之哉

孔子曰丘天之戮民也〔注〕以方內爲桎梏明所貴在方外也夫遊外者依內離人者合俗故有天下者無以天下爲也是以遺

物而後能入羣坐忘而後能應務愈遺之愈得之苟居斯極則雖欲釋之而理固自來斯乃天人之所不赦者也**雖然吾與汝共之**〔注〕雖爲世所桎梏但爲與汝共之耳明己恒自在外也○叔岷曰雖爲戮民而與人共之言無以殊異於衆人也蓋體性抱神以遊世俗之間遺其聖迹而與天下相忘也**子貢曰敢問其方**〔注〕問所以遊外而共内之意**孔子曰魚相造乎水人相造乎道**○叔岷曰凡造乎道者應物而不累於物〔釋文〕七報反詣也下同**相造乎水者穿池而養給相造乎道者无事而生定**〔注〕所造雖異其於由無事以得事自方外以共内然後養給而生定則莫不皆然也俱不自知耳故成無爲也○叔岷曰自足於性而無所營求於分外故雖終日揮形而神氣無變斯游外以宏内者也〔釋

文〕穿池本亦作地崔同○俞樾曰定疑足字之誤穿池而養給無事而生足兩句一律給亦足也足與定字形相似而誤管子中匡篇功定以得天與失天其人事一也今本定誤作足與此正可互證**故曰魚相忘乎江湖人相忘乎道術**〔注〕各自足而相忘者天下莫不然也至人常足故常忘也〔釋文〕相忘音亡下同○叔岷案淮南俶真篇魚相忘於江湖人相忘於道術即本莊子此文**子贡曰敢問畸人**〔注〕問向之所謂方外而不耦於俗者又安在也〔釋文〕畸人居宜反司馬云不耦也不耦於人謂闕於禮教也李其宜反云奇異也○叔岷案畸奇古今字說文畸殘也殘禽獸所食餘也凡餘謂之殘凡奇零字皆畸之引申義**曰畸人者畸於人而侔於天**〔注〕夫與內冥者遊於外也獨能遊外以冥內任萬物之自然使天性各足而帝王道成斯乃畸於人而侔於天也○叔岷曰畸於人者遺物離人人無得而名之所謂極游外之致而無不冥於

内者也〔釋文〕而侔音謀司馬云等也亦從也**故曰天之小人人之君子人之君子天之小人也**〔注〕以自然言之則人無小大以人理言之則侔於天者可謂君子矣○叔岷曰人之君子者的然以其形箸未能與物冥者也故曰天之小人郭注於義未洽**顔回問仲尼曰孟孫才其母死哭泣无涕中心不戚居喪不哀无是三者以善處喪蓋魯國**〔釋文〕孟孫才李云三桓後才其名也崔云才或作牛○叔岷案舊從以善處喪絶句於文義不完今依李楨說以蓋魯國三字屬上爲句**固有无其實而得其名者乎回壹怪之**〔注〕魯國觀其禮而顔回察其心**仲尼曰夫孟孫氏盡之矣進於知矣**〔注〕盡死生之理應内外之宜者動而以天行非知之匹也〔釋文〕應内應對之應**唯簡之而不得**〔注〕

簡擇死生而不得其異若春秋冬夏四時行耳夫已有所簡矣孟孫氏不知所以生不知所以死〔注〕已簡而不得故無不安無不安故不以生死概意而付之自化也不知就先不知就後〔注〕所遇而安○叔岷案就猶孰也知北遊篇光曜不得問而孰視其貌狀淮南道應篇孰作就是其例若化爲物〔注〕不違化也○若順也以待其所不知之化已乎〔注〕死生宛轉與化爲一猶乃忘其所知於當今豈待所未知而豫憂者哉且方將化惡知不化哉方將不化惡知已化哉〔注〕已化而生焉知未生之時哉未化而死焉知已死之後哉故無所避就而與化俱往也○叔岷曰化者復歸於無形也不化者與天地俱生也淮南精神篇〔釋文〕惡知音烏下同焉知於虔反下皆同吾特與汝

其夢未始覺者邪〔注〕夫死生猶覺夢耳今夢自以爲覺則無以明覺之非夢也苟無以明夢之非夢則亦無以明生之非死矣死生覺夢未知所在當其所遇無不自得何爲在此而憂彼哉〔釋文〕覺者古孝反注下皆同且彼有駭形而无損心〔注〕以變化爲形之駭動耳故不以死生損累其心〔釋文〕駭形如字崔作咳云有嬰兒之形有旦宅而无情死〔注〕以形骸之變爲旦宅之日新耳其情不以爲死〔釋文〕旦宅並如字王云旦暮改易宅是神居也李本作怛恎上丹末反下陟嫁反云驚惋之貌崔本作靼宅靼怛也○解故曰即嬗禪等字之借言有易居而實死也○叔岷案淮南精神篇且人有戒形而無損於心有綴宅而無耗精高注戒或作革革改也言人形骸有改更而化也心喻神神不損傷也綴宅身也言人雖死精神終不秏減即本莊子此文駭

之通戒猶駭之作駴詳德充符注説文諽讀若戒一曰更也故戒通作革孟孫氏特覺人哭亦哭是自其所以乃〔注〕夫常覺者無往而有逆也故人哭亦哭正自是其所宜也〔釋文〕所以乃崔本乃作惡○解故乃以雙聲借爲然如此也○叔岷案乃宋本作宜審郭注亦作宜且也相與吾之耳矣〔注〕夫死生變化吾皆吾之既皆是吾吾何失哉未始失吾吾何憂哉無逆故人哭亦哭無憂故哭而不哀○解故晉語云暇豫之吾吾吾與虞同如騶虞亦作騶吾也古作吾作虞今則作娛言直以哭爲娛戲哉也古本有處殯之歌○叔岷案吾即娛也相與吾之猶言與之爲娛則陽篇其於物也與之爲娛矣辭例與此同庸詎知吾所謂吾之乎〔注〕靡所不吾也故玄同外内彌貫古今與化日新豈知吾之所在也〔釋文〕庸詎其庶反下章同且汝

夢爲鳥而厲乎天夢爲魚而没於淵〔注〕言無往而不自得也○叔岷案廣雅厲近也小雅四月翰飛戾天箋云戾至也文選西都賦注引韓詩作翰飛厲天竝引薛君章句云厲附也又案淮南俶真篇夢爲鳥而飛於天夢爲魚而没於淵即本莊子此文不識今之言者其覺者乎其夢者乎〔注〕夢之時自以爲覺則焉知今者之非夢邪亦焉知其非覺邪覺夢之化無往而不可則死生之變無時而足惜也造適不及笑獻笑不及排〔注〕所造皆適則忘適矣故不及笑也排者推移之謂也夫禮哭必哀獻笑必樂哀樂存懷則不能與時推移矣今孟孫常適故哭而不哀與化俱往也〔釋文〕造適七報反注同獻笑向云獻善也王云章也意有適章於笑故曰獻笑及排皮皆反○叔岷曰造乎適而忘適故不及笑及其天機自張忽呈爲笑亦不排而去之老子曰兒子終日號而不嗄和之至也又案義海纂微引趙以夫注造適者

無入而不自得故不及笑獻笑者觸機而發故不及排此解甚當舊注多失其義必樂音洛下同**安排而去化乃入於寥天一**〔注〕安於推移而與化俱故乃入於寂寥而與天爲一也自此以上至於子祀其致一也所執之喪異故歌哭不同〔釋文〕寥本亦作廖力彫反李良救反天一崔本作造敵不及笑獻芥不及整安排而造化不及耿耿不及雄漂淰雄漂淰不及簞筮簞筮乃入於漻天一○解故造適不及笑獻笑不及排當依崔本文義畧通○叔岷案章氏未曉造適二句之義觀上文注自明以上時掌反**意而子見許由許由曰堯何以資汝**〔注〕資者給濟之謂也〔釋文〕意而子李云賢士也資汝資給也**意而子曰堯謂我汝必躬服仁義而明言是非許由曰而奚來爲軹**〔釋文〕爲軹之是反郭之忍反崔云軹辭也李云是也**夫堯既已黥汝以**

仁義而劓汝以是非矣汝將何以遊夫遥蕩恣睢轉徙之塗乎〔注〕言其將以刑教自虧殘而不能復遊夫自得之場無係之塗也〔釋文〕黥其京反劓魚器反李云毁道德以爲仁義不似黥乎破玄同以爲是非不似劓乎遥蕩王云縱散也恣七咨反又如字睢郭李云許維反徐許鼻反李王皆云恣睢自得貌復遊扶又反下同

意而子曰雖然吾願遊於其藩〔注〕不敢復求涉中道也且願遊其藩傍而已〔釋文〕其藩甫煩反李音煩司馬向皆云崖也崔云域也○叔岷案藩猶樊也人間世篇作遊其樊詳人間世注

許由曰不然夫盲者无以與乎眉目顔色之好瞽者无以與乎青黄黼黻之觀〔釋文〕盲者本又作眇崔本作目云目或作刑刑黥劓也以與音豫下同之好如字又呼報反黼黻上音甫下音弗○叔岷案周禮白與黑謂之黼形若斧

黑與青謂之黻兩己相背觀古亂反意而子曰夫无莊之失其美據梁之失其力黃帝之亡其智皆在鑪捶之間耳〔注〕言天下之物未必皆自成也自然之理亦有須冶鍛而爲器者耳故此之三人亦皆聞道而後忘其所務也此皆寄言以遣云爲之累耳〔釋文〕无莊據梁司馬云皆人名李云无莊无莊飾也據梁強梁也鑪音盧捶本又作錘徐之睡反又之蘂反一音時蘂反李云錘鍛頭頗口句鐵以吹火也崔云鑪謂之瓮捶當作甀盧甀之間言小處也甀音文僞反〇解故知北遊篇大馬之捶鉤者釋文云江東三魏之間人皆謂鍛爲捶淮南道應篇注亦云捶鍛擊也蓋捶從垂聲古音如朶歌寒對轉爲鍛小冶也則鑪捶是一物鍛丁亂反庸詎知夫造物者之不息我黥而補我劓使我乘成以隨先生邪〔注〕夫率性直往者自然也往而傷性性傷而能改者亦自然也庸詎知我之自然當不息黥補劓而乘可成之

道以隨夫子邪而欲棄而勿告恐非造物之至也○叔岷曰德者成和之脩也德充符篇乘乎成則能自得自得則忘乎黥劓矣庚桑楚篇不足以滑成亦此乘成之成許由曰噫未可知也我爲汝言其大略〔釋文〕曰噫徐音醫李云歎聲也崔云亂也本亦作意音同又如字謂呼意而名也我爲于僞反注同吾師乎吾師乎䪠萬物而不爲義澤及萬世而不爲仁〔注〕皆自爾耳亦無愛爲於其間也安所寄其仁義〔釋文〕䪠子兮反司馬云碎也○俞樾曰䪠即説文𩐁字其或體作齏古或以齊爲之周官醢人職五齊七醢七菹三臡是也䪠與菹醢爲同類之物䪠萬物猶云菹醢萬物故天道篇云䪠萬物而不爲戾郭於此無注彼注云變而相雜故曰䪠是訓䪠爲雜也蓋䪠合衆味而成釋名釋飲食曰齏濟也與諸味相濟成也故有相雜之義列禦寇篇使人輕乎貴老而䪠其所患釋文云䪠亂也亂與雜義同然云雜萬物而不爲戾則義有未安矣知北遊篇若儒墨者師故以是非相䪠

也此則當訓爲雜蓋儒墨兩家是非蠭起故雜也郭訓爲和義雖相通然言固各有當矣**長於上古而不爲老**〔注〕日新也〔釋文〕長於丁丈反**覆載天地刻彫衆形而不爲巧**〔注〕自然故非巧也**此所遊已**〔注〕游於不爲而師於無師也○叔岷曰義者獨裁之名無裁故無所稱義仁者兼愛之名無愛故無所稱仁壽者期之遠耳無期故無所稱壽巧者爲之妙耳無爲故無所稱巧參天道篇郭注聖人遊心於此故能得道之用也又案天道篇莊子曰吾師乎吾師乎䪢萬物而不爲戾澤及萬世而不爲仁長於上古而不爲壽覆載天地刻凋衆形而不爲巧此之謂天樂可參證此段

顔回曰回益矣〔注〕以損之爲益也**仲尼曰何謂也曰回忘仁義矣曰可矣猶未也**〔注〕仁者兼愛之迹義者成物之功愛之非仁仁迹行焉成之非義義功見焉存夫仁義不足以知

愛利之由無心故忘之可也但忘功迹故猶未玄達也〔釋文〕功見賢遍反下文同他日復見曰回益矣〔釋文〕他日崔本作異日下亦然復見扶又反下同曰何謂也曰回忘禮樂矣曰可矣猶未也〔注〕禮者形體之用樂者樂生之具忘其具未若忘其所以具也〔釋文〕樂生音洛又音嶽他日復見曰回益矣曰何謂也曰回坐忘矣○郭慶藩曰文選賈長沙鵩鳥賦注引司馬云坐而自忘其身釋文闕○叔岷曰唯道集虛虛者心齊也蓋虛其心則至道集於懷至道集於懷則坐忘矣故顏回曰回之未始得使實自回也得使之也未始有回也未始有回蓋坐忘矣參人間世仲尼蹵然曰何謂坐忘〔釋文〕蹵然子六反崔云變色貌○蹵借爲蹙古音相同顏回曰墮肢體黜聰明〔釋文〕墮許規反徐又待果反○叔岷案說文𡐦下云敗城阜曰𡐦篆文作墮隸變作墮俗作隳引申爲凡阤壞之稱又案淮南覽冥篇隳肢體絀聰明即本莊子此文肢正作胑

離形去知同於大通此謂坐忘〔注〕夫坐回者奚所不忘哉既忘其迹又忘其所以迹者内不覺其一身外不識有天地然後曠然與變化爲體而無不通也○叔岷曰大通混冥解意釋神漠然若無魂魄矣淮南覽冥篇〔釋文〕去起吕反知音智坐忘崔云端坐而忘○盧文弨曰依次當在蹵然之前

仲尼曰同則无好也〔注〕無物不同則未嘗不適何好何惡哉〔釋文〕无好呼報反注同何惡烏路反

化則无常也〔注〕同於化者唯化所適故無常也○叔岷曰同謂一也化謂不一也其一也與天爲徒其不一也與人爲徒上文所謂玄冥天人者矣

而果其賢乎丘也請從而後也○叔岷案淮南道應篇顏回謂仲尼曰回益矣仲尼曰何謂也曰回忘禮樂矣仲尼曰可矣猶未也異日復見曰回益矣仲尼曰何謂也曰回忘仁義矣仲尼曰可矣猶未也異日復見曰回坐忘矣仲尼遽然曰何謂坐忘顏回曰隳支體黜聰明離形去知洞於化通是謂坐忘仲尼曰洞則無善也

化則無常也而夫子薦賢注薦先也回入賢丘請從之後即本莊子此段此文大通疑當從淮南作化通故下文曰化則无常也否則此句無根矣淮南所見莊子本同或作洞故曰洞於化通子輿與子桑友而霖雨十日子輿曰子桑殆病矣裹飯而往食之〔注〕此二人相爲於無相爲者也今裹飯而相食者乃任之天理而自爾耳非相爲而後往者也〔釋文〕霖雨本又作淋音林左傳曰雨三日以往爲霖隱九年傳裹音果食音嗣注同至子桑之門則若歌若哭鼓琴曰父邪母邪天乎人乎有不任其聲而趨舉其詩焉〔釋文〕有不任音壬其聲而趨七住反舉其詩焉崔云不任其聲憊也趨舉其詩無音曲也○趨猶趣也促也子輿入曰子之歌詩何故若是〔注〕嫌其有情所以趨出遠理也曰吾思夫使我至此極者而弗得也父母豈

欲吾貧哉天无私覆地无私載天地豈私貧我哉求其爲之者而不得也然而至此極者命也夫〔注〕言物皆自然無爲之者也〇叔岷曰達命之情者不務知之所無奈何達生篇知其不可柰何而安之若命德之至也本篇德通於天地天地不私其覆載則我循自然之理以盡其天年而已

卷三上終

莊子内篇補注卷三下

蜀西王叔岷補注

應帝王第七

〔注〕夫無心而任乎自化者應爲帝王也〔釋文〕崔云行不言之教使天下自以爲牛馬應爲帝王者也○叔岷曰大宗師窮内聖之道應帝王盡外王之至理理之至極内外一也無心以順有忘知以任物聖人非欲爲帝王也其德不形物自不能離之宏於内者自應於外所謂不言之教無爲之治以此

齧缺問于王倪四問而四不知〔釋文〕齧缺五結反下丘悅反王倪五兮反四問而四不知向云事在齊物論中齧缺因躍而大喜行以告蒲衣子蒲衣子曰而乃今知之乎〔釋文〕蒲衣子尸子云蒲衣八歲舜讓以天下崔云即被衣王倪之師也淮南子曰齧缺問道於被衣有虞氏不及泰氏〔注〕夫有虞氏之與泰氏皆世事之迹耳非所以迹者也所以迹者無迹也世孰名之哉未之嘗名何勝負之有邪然無迹者乘羣變履萬世世有夷險故迹有不及也〔釋文〕泰氏司馬云上古帝王也崔云帝王也李云大庭氏又曰無名之君也○郭慶藩曰路史前紀七引司馬云上古之帝王無名之稱與釋文所引小異有虞氏其猶藏仁以要人亦得人矣而未始出於非人〔注〕夫以所好爲是人所惡爲非人者唯以是非爲域者也夫能出於非人之域者必入於無非人之境矣故無得

無失無可無不可豈直藏仁而要人也○叔岷曰自有虞氏翹仁義以撓天下也天下莫不奔命於仁義是蓋以仁義易人之性也參駢拇篇故未始出於非人郭注所好爲是人所惡爲非人誤使天下均治之爲願而何計以有虞氏爲有虞氏之藥瘍也禿而施髢病而出醫孝子操藥以修慈父顏色燋然聖人羞之天地篇〔釋文〕藏仁才剛反崔云懷仁心以結人也本亦作臧作剛反善也簡文同○叔岷案義海纂微引呂惠卿注藏作臧釋之以善林疑獨陳碧虛陳詳道諸解皆從呂說今本並多作臧以要一遥反注同所好呼報反所惡烏路反之竟音境泰氏其卧徐徐其覺于于〔釋文〕徐徐如字崔本作祛祛其覺古孝反于于如字司馬云徐徐安穩貌于于無所知貌簡文云徐徐于于寐之狀也○郭慶藩曰于于即盱盱也說文盱張目也于與盱聲近義同淮南俶真篇萬民睢睢盱盱然魯靈光殿賦鴻荒朴略厥狀睢盱張載曰睢盱質朴之形正與司馬注無所知意相合淮南覽冥篇卧倨倨興盱盱高注曰盱盱無智巧貌也又淮南

盱盱作眄眄王氏讀書雜志據古書證爲盱盱之譌亦正與質朴無知同義○叔岷案于借爲盱盜跖篇卧居居起于于亦借字淮南覽冥篇作興眄眄王念孫洪頤煊皆校眄爲盱之形誤（盱說文作盱與眄相似）郭慶藩說即全本王氏 **一以己爲馬一以己爲牛**〔注〕夫如是又奚是人非人之有哉斯可謂出於非人之域○叔岷曰呼我馬也而謂之馬呼我牛也而謂之牛苟有其實雖與之名亦不受參天地篇又案淮南覽冥篇當此之時卧倨倨興盱盱一自以爲馬一自以爲牛即本莊子此文 **其知情信**〔注〕任其自知故情信○叔岷案情猶實也王氏雜志謂情借爲誠亦通 **其德甚真**〔注〕任其自得故無僞 **而未始入於非人**〔注〕不入乎是非之域所以絶於有虞之世 **肩吾見狂接輿狂接輿曰日中始何以語女**〔釋文〕日人實反中音仲亦如字始李云日中始人姓名賢者也崔本無日字云中始賢人也○俞樾曰釋文引李云日中始人姓名賢者也此恐不然中

始人名日猶云日者也謂日者中始何以語女也文七年左傳日衛不睦襄二十六年傳日其過者也昭七年傳日君以夫公孫段爲能任其事十六年傳日起請夫環並與此日字同義李以日中始三字爲人姓名失之矣崔本無日字以語魚據反女音汝後皆同**肩吾曰告我君人者以己出經式義度人孰敢不聽而化諸**〔釋文〕出經絶句司馬云出行也經常也崔云出典法也式義度人絶句式法也崔云式用也用仁義以法度人也○王念孫曰釋文云出經絶句式義度人絶句引諸説皆未協案此當以以已出經式義度爲句人孰敢不聽而化諸爲句義讀爲儀義儀古字通説文義己之威儀也文侯之命父義和鄭注義讀爲儀周官肆師治其禮儀鄭注故書儀爲義鄭司農云義讀爲儀古者儀但爲義今時所爲義爲誼小雅楚茨篇禮儀卒度韓詩作義周官大行人大客之儀大戴禮朝事篇作義樂記制之禮義漢書禮樂志作儀周語示民軌儀大射儀注引作義儀法也見周語注淮南精神篇注楚詞九歎注經式儀度皆謂法度也解者失之○叔岷案義海纂微引呂惠卿注

從度人絶句陳詳道從經從人絶句成玄英陳碧虚林希逸從義絶句惟林疑獨趙以夫從度絶句褚伯秀謂當從之則王念孫之以以己出經式義度爲句人孰敢不聽而化諸爲句實本於林趙之説又案褚伯秀曰續𠯆門官本作以巳制經制字獨異○張君房本度人作庶民屬下爲句

狂接輿曰是欺德也〔注〕以己制物則物失其真〔釋文〕欺德簡文云欺忘

也其於治天下也猶涉海鑿河而使蚉負山也〔注〕夫寄當於萬物則無事而自成以一身制天下則功莫就而任不勝也〔釋文〕涉海鑿待洛反下同郭粗鶴反河李云涉海必陷波鑿河無成也蚉音文本亦作蟁同○叔岷案釋德清曰舍道而任僞猶越海之外鑿河則失其大而枉勞且如蚊負山必無此理也舊注諸家多未當當以此解爲優不勝音升**夫聖人之治也治外乎**〔注〕全其性分之内而已正

而後行〔注〕各正性命之分也確乎能其事者而已矣〔注〕不爲其形所不能〔釋文〕確乎苦學反李云堅貌崔本作槖音託○郭慶藩曰文選劉孝標辨命論注引司馬云確乎不移易釋文闕且鳥高飛以避矰弋之害鼷鼠深穴乎神丘之下以避熏鑿之患〔注〕禽獸猶各有以自存故帝王任之而不爲則自成也○叔岷曰夫全其形生者藏其身不厭其深眇也參庚桑楚篇〔釋文〕矰則能反李云罔也之害崔本作菑鼷音兮熏香云反而曾二蟲之无知〔注〕言汝曾不知此二蟲之各存而不待教乎○解故釋詁知匹也詩檜風樂子之無知箋云樂其無妃匹之意曾二蟲之無知言不能匹二蟲天根遊于殷陽至蓼水之上適遭无名人而問焉曰請問爲天下〔釋文〕天根李本云人姓名也○陳碧虛曰天根喻元氣也遊於殷陽李云殷山名陽山之陽崔云殷陽地名司馬云殷衆也言向南遊也或作殷湯○文如海

曰殷陽山在衛州山南曰陽蓼水音了李云水名也**无名人曰去汝鄙人也何問之不豫也**〔注〕問爲天下則非起於太初止於玄冥也〔釋文〕不豫司馬云嫌不漸豫太倉卒也簡文云豫悦也○盧文弨曰今本作不預○俞樾曰爾雅釋詁豫厭也楚詞惜誦篇行婞直而不豫兮王逸注亦曰豫厭也是豫之訓厭乃是古義無名人深怪天根之多問故曰何問之不豫猶云何許子之不憚煩也簡文云豫悦也殊失其義大初音泰**予方將與造物者爲人**〔注〕任人之自爲○叔岷案人偶也詳大宗師篇王注**厭則又乘夫莽眇之鳥以出六極之外而遊无何有之鄉以處壙埌之野**〔注〕莽眇羣碎之謂耳乘羣碎馳萬物故能出處常通而無狹滯之地〔釋文〕乘夫音符莽莫蕩反崔本作猛眇妙小反莽眇輕虚之狀也崔云莽眇之鳥首也取其行而無迹壙徐苦廣反埌徐力黨反李音浪壙埌无滯爲名也崔云猶曠蕩也○叔岷案説文壙一曰大

也壙埌猶康㝗方言康空也郭注漮㝗空貌淮南道應篇作岡㝗義同无狹户夾反汝又何帛以治天下感予之心爲〔注〕言皆放之自得之場則不治而自治也

〔釋文〕帛徐音藝又魚例反司馬云法也一本作寱牛世反崔本作爲○孫詒讓曰帛疑當爲叚説文又部叚或叚古金文叚字或作故隸變作帛變作臼變作巾此亦古字之僅存者何叚猶言何藉○俞樾曰帛未詳何字以諸説參考之疑帛乃臬字之誤故有魚例反之音而司馬訓法亦即臬之義也然字雖是臬而義則非臬當讀爲寱寱本從臬聲古文以聲爲主故或止作臬也一本作寱者破叚字而爲正字耳一切經音義引通俗文曰夢語謂之寱無名人蓋謂天根所問皆夢語也故曰汝又何寱以治天下感予之心爲○叔岷案帛即叚字孫説是也司馬訓爲法則司馬本別作臬字臬非帛之誤也一本作寱寱亦當借爲臬俞氏以夢語釋之迂拙甚

矣而自治直吏反下文同**又復問**〔釋文〕又復扶又反**无名人曰汝遊心於淡**〔注〕其任性而無所飾焉則淡矣〔釋文〕於淡徒暫反徐大敢反○叔岷案淡泊字正作憺怕説文憺安也怕無僞也子虛賦曰憺乎自持怕乎無爲蓋用本字俗用澹泊淡又澹之俗也**合氣於漠**〔注〕漠然靜於性而止〔釋文〕於漠音莫**順物自然而无容私焉而天下治矣**〔注〕任性自生公也心欲益之私也容私果不足以生生而順公乃全也**陽子居見老聃曰有人于此嚮疾強梁物徹疏明學道不勸如是者可比明王乎**〔釋文〕陽子居李云居名也子男子通稱○叔岷案陽子居即陽朱寓言篇陽子居南之沛釋文姓陽名朱字子居嚮許亮反李許兩反疾強梁崔云所在疾強梁之人也李云敏疾如嚮也簡文云如嚮應聲之疾故是強梁之貌○叔岷案李簡文皆以嚮讀同響之義猶養生主篇砉然嚮然也又案老子強梁者不得其死焦竑

注木絶水曰梁木負棟亦曰梁取其力之強也故曰強梁物徹疏明司馬云物事也徹通也事能通而開明也○崔云無物不達無物不明不勬其眷反○俞樾曰釋文引崔云所在疾彊梁之人也則字當爲嚮疾又引李云敏疾如嚮也簡文云如嚮應聲之疾則字當爲響疾疑莊子原文本作鄉故各以意讀之耳文選羽獵賦蠁曶如神善注曰蠁曶疾也蠁與響同曶與忽同然則響自有疾義響疾連文響亦疾也自以作響爲長矣惟自來讀者皆以響疾強梁爲句物徹疏明爲句殊不可通此當於徹字勬字絶句物讀爲勿古字通用尚書立政篇時則勿有閒之論衡譴告篇作時則物有閒之是也天道篇中心物愷釋文曰物本亦作勿此物勿通用見於本書者徹去也響疾強梁物徹者言響疾強梁而勿去也與疏明學道不勬相對爲文皆以六字爲一句因學者不知物爲勿之叚字故失其讀矣○解故物徹疏明四字平列猶上言響疾強梁也物爲易之誤書平在朔易五帝紀作辯在伏物是其例易借爲圛如豈弟一訓樂易一作闓圛是易弟圛

三字通詩齊風箋罿明也○叔岷案物字之解當從章氏俞曲園謂物讀爲勿非也且從徹字勸字分爲二句尤謬竊謂嚮疾強梁言其勇也物徹疏明言其智也學道不勸言其仁也

老聃曰是於聖人也胥易技係勞形怵心者也〔注〕言此功夫容身不得不足以比聖王〔釋文〕胥如字司馬云疏也簡文云相也易音亦崔以豉反云相輕易也簡文同技徐其綺反簡文云藝也係如字崔本作繫或作轂簡文云音繫怵心勑律反○孫詒讓曰胥借爲諝説文諝知也周禮天官序官鄭注胥讀如諝有才知爲什長小雅桑扈箋云胥有才知之名易如小惑易方大惑易性之易胥與技形與心文並相對胥易謂知識惑易也

且曰虎豹之文來田猨狙之便執斄之狗來藉如是者可比明王乎

〔注〕此皆以其文章技能係累其身非涉虛以御乎無方也〔釋文〕來田李云虎豹以皮有文章見獵也田獵也猨音袁○正作蝯狙七餘反之便毗肩反舊扶面反斄音來

李音狸崔云旄牛也來藉司馬云藉繩也由捷見結縛也崔云藉繫也○孫詒讓曰執斄之狗李音成釋成玄英曰狗以執捉狐狸每遭係頸是也斄貍音近字通即消摇游狸狌之狸天地篇作執留之狗釋文留本又作𤜷一本作貍案彼留亦即貍也山海經南海經其音如留牛郭注引莊子曰執犛之狗則晉時本有作犂者斄犛貍留並一聲之轉○叔岷案天地篇是胥易技係勞形怵心者也執留之狗成思猨狙之便自山林來可參證此節彼文成思當是來田二字之譌彼文無藉字司馬訓繩崔訓繫義無所本疑藉當借爲簎説文簎刺也字亦作矠周禮簎魚鼈魯語作矠魚鼈韋注矠擉也（説文矠矛屬）淮南詮言篇虎豹之彊來射蝯狖之捷来措繆稱篇虎豹之文來射猨狖之捷來措注措刺也説林篇虎豹之文來射蝯狖之捷來乍皆本莊子此文乍與措古同聲通用措訓爲刺即簎之耤字也

陽子居蹵然曰敢問明王之治〔釋文〕蹵然子

六反改容之貌之治直吏反下同老聃曰明王之治功蓋天下而似不自己〔注〕天下若無明王則莫能自得今之自得實明王之功也然功在無爲而還任天下天下皆得自任故似非明王之功化貸萬物而民弗恃〔注〕夫明王皆就足物性故人人皆云我自爾而莫知恃賴於明王〔釋文〕貸吐代反有莫舉名使物自喜〔注〕雖有蓋天下之功而不舉以爲己名故物皆自以爲得而喜立乎不測〔注〕居變化之塗日新而無方者也而遊于无有者也〔注〕與萬物爲體則所遊者虛也不能冥物則迕物不暇何暇遊虛哉○叔岷曰大道汜兮其可左右萬物恃之而生而不辭功成而不有衣養萬物而不爲主老子聖人體道而行故居變遊虛莫知其極亦爲而不恃功成而不處其不欲見賢也老子鄭有

神巫曰季咸〔釋文〕神巫曰季咸李云女曰巫男曰覡季咸名○叔岷案列子黃帝篇淮南精神篇皆載此文知人之死生存亡禍福壽夭期以歲月旬日若神鄭人見之皆棄而走〔注〕不憙自聞死日也〔釋文〕不憙許忌反列子見之而心醉歸以告壺子〔釋文〕心醉向云迷惑於其道也曰始吾以夫子之道爲至矣則又有至焉者矣〔注〕謂季咸之至又過於夫子壺子曰吾與汝既其文未既其實而固得道與〔釋文〕既其文李云既盡也得道與音餘○叔岷案既其文列子黃帝篇作無其文注引向秀曰實由文顯道以事彰有道而無事猶有雌而無雄耳今吾與汝雖淺深不同無文相發故未盡我道之實也此言聖人之唱必有感而後和又案黃帝篇仲尼曰吾與若玩其文也久矣而未達其實而固且道歟玩其文也久

矣是盡其文也之義故作既其文亦可通○既其文江南古藏本作無其文或據列子改莊子**衆雌而无雄而又奚卵焉**〔注〕言列子之未懷道也〔釋文〕衆雌而无雄而又奚卵焉○司馬云言汝受訓未熟故未成若衆雌无雄則无卵也○叔岷案淮南覽冥篇衆雄而無雌又何化之所能造乎即本莊子此文**而以道與世亢必信夫故使人得而相汝**〔注〕未懷道則有心有心而亢其一方以必信於世故可得而相之〔釋文〕世亢苦浪反必信崔云絶句相女息亮反注下同○盧文弨曰今本作汝**嘗試與來以予示之**〔釋文〕示之本亦作視崔云視示之也**明日列子與之見壺子出而謂列子曰嘻子之先生死矣弗活矣不以旬數矣吾見怪焉見濕灰焉**〔釋文〕嘻徐音熙郭許意反旬數所主反**列子入泣涕沾襟以告**

壺子壺子曰鄉吾示之以地文萌乎不震不正〔注〕萌然不動亦不自正與枯木同其不華濕灰均於寂魄此乃至人無感之時也夫至人其動也天其靜也地其行也水流其止也淵默淵默之與水流天行之與地止其於不爲而自爾一也今季咸見其尸居而坐忘即謂之將死覩其神動而天隨因謂之有生誠應不以心而理自玄符與變化升降而以世爲量然後足爲物主而順時無極故非相者所測耳此應帝王之大意也○叔岷曰聖人之出處默語常無其心而付之自然在宥篇郭注非可以相測也〔釋文〕鄉吾許亮反本作嚮亦作向同崔本作康云向也地文與土同也崔云文猶理也不震不正並如字崔本作不誫不止云如動不動也○俞樾曰列子黃帝篇作罪乎不誫不止當從之罪讀爲崜說文山部作嶵云山貌是也誫即震之異文不誫不止者不動不止也故以崜乎形容之言與山同也今罪誤作萌止誤

作正失其義矣據釋文則崔本作不誫不止與列子同可據以訂正○叔岷案萌乎不震不正列子作罪乎不誫不止注罪或作萌引向秀説與郭注同亦不自正作亦不自止竊謂萌者言其潛滋暗長陰靜之象不必從列子訂作罪正訂作止可也止與震對文○江南古藏本不正作不止誠應應對之應後同是殆見吾杜德機也〔注〕德機不發曰杜〔釋文〕杜德機崔云塞吾德之機○叔岷案德機者自得之天機杜言其靜也列子黄帝篇機作幾嘗又與來明日又與之見壺子出而謂列子曰幸矣子之先生遇我也有瘳矣全然有生矣〔釋文〕有瘳丑留反吾見其杜權矣〔注〕權機也今乃自覺昨日之所見見其杜權故謂之將死也列子入以告壺子壺子曰鄉吾示之以天壤〔注〕天壤之中覆載之功見矣比之地文不猶卵乎

此應感之容也〔釋文〕功見賢遍反○郭慶藩曰文選陸士衡演連珠注引司馬云壤地也釋文闕○天壤謂天與地通名實不入〔注〕任自然而覆載則天機玄應而名利之飾皆爲棄物矣而機發於踵〔注〕常在極上起○叔岷案踵謂根本大宗師篇至人之息以踵郭注常在根本中來必言踵者與物相接去其五官心志也是殆見吾善者機也〔注〕機發而善於彼彼乃見之嘗又與來明日又與之見壺子出而謂列子曰子之先生不齊吾无得而相焉試齊且復相之○叔岷曰達於道者不以人易天外與物化似不齊也而内不失其情至無而供其求時騁而要其宿大小長短脩遠各有其具萬物之至騰踊殽亂而不失其數蓋物不齊與物化也亦不齊矣參天地篇及淮南原道篇〔釋文〕不齊側皆反本又作齋下同○俞樾曰下文郭注云無往不平混然一之以管闚天者莫見其涯故似不齊張湛注列子黃帝篇引向秀注同然則向郭皆讀齊如

本字釋文音側皆反非是且復扶又反列子入以告壺子壺子曰吾鄉示之以太沖莫勝〔注〕居太沖之極浩然泊心而玄同萬方故勝負莫得厝其間也○俞樾曰勝當讀爲朕勝本從朕聲故得通用莫朕者無朕也言無朕兆也郭注曰居太沖之極浩然泊心而玄同萬方故勝負莫得厝其間也此泥本字爲說未達叚借之旨列子黄帝篇正作向吾示之以太沖莫朕張湛引向秀注曰居太沖之極皓然泊心玄同萬方莫見其迹郭注正竊用向說但以不達叚借之旨改其末四字耳○解故列子黄帝篇莫勝作莫朕案古音無如莫勝從朕聲故假莫勝爲無朕○叔岷曰惟道集虛太沖沖借爲盅說文盅器虛也者虛也虛則無迹故曰凡物有朕惟道無朕所以無朕者以其無常形勢也淮南兵畧篇又案淮南兵畧篇有朕無朕文子自然篇作有勝無勝亦朕勝通用之證〔釋文〕泊心白博反又音魄得厝七故反字

又作措同〇盧文弨曰今本作措是殆見吾衡氣機也〔注〕無往不平混然一之以管闚天者莫見其涯故似不齊〔釋文〕管闚去規反鯢桓之審爲淵止水之審爲淵流水之審爲淵淵有九名此處三焉〔注〕淵者靜默之謂耳夫水常無心委順外物故雖流之與止鯢桓之與龍躍常淵然自若未始失其靜默也夫至人用之則行捨之則止行止雖異而玄默一焉故畧舉三異以明之雖波流九變治亂紛如居其極者常淡然自得泊乎忘爲也〔釋文〕鯢五兮反桓司馬云鯢桓二魚名也簡文云鯢鯨魚也桓盤桓也崔本作鯢拒云魚所處之方穴也又云拒或作桓之審郭如字簡文云處也司馬云審爲蟠蟠聚也崔本作潘云回流所鐘之域也〇俞樾曰審司馬云當爲蟠蟠聚也崔本作潘云回流所鐘之域也今以字義求之則實當爲瀋說文水部瀋大波也從水旛聲作潘者字之省司馬彪讀爲蟠誤也郭本作審則失

其字矣又案列子黄帝篇云鯢旋之潘爲淵止水之潘爲淵流水之潘爲淵濫水之潘爲淵沃水之潘爲淵氿水之潘爲淵雍水之潘爲淵汧水之潘爲淵肥水之潘爲淵是爲九淵焉九淵全列然於上下文殊不相屬疑爲他處之錯簡莊子所見已然雖不敢径去而實非本篇文義所繫故聊舉其三耳○解故俞先生曰審崔作潘是也當借爲瀋説文瀋大波也案淵爲回水與波成輪者相似○説文淵回水也淵有九名淮南子云有九旋之淵許慎注云至深也○兵畧篇治亂直吏反嘗又與來明日又與之見壺子立未定自失而走〔釋文〕失而走如字徐音逸壺子曰追之列子追之不及反以報壺子曰已滅矣已失矣吾弗及已〔釋文〕已滅崔云滅不見也壺子曰鄉吾示之以未始出吾宗〔注〕雖變化無常而常深根冥極也○叔岷曰宗者無心也大宗師注天地之

大萬物之富其所宗而師者無心也吾與之虛而委蛇〔注〕無心而隨物化〔釋文〕委於危反蛇以支反委蛇至順之貌○叔岷案詩召南羔羊篇委蛇委蛇傳云委蛇行可從迹也不知其誰何〔注〕汎然無所係也因以爲弟靡因以爲波流故逃也〔注〕變化頹靡世事波流無往而不因也夫至人一耳然應世變而時動故相者無所措其目自失而走此明應帝王者無方也〔釋文〕爲弟徐音頹丈回反靡弟靡不窮之貌崔云猶遜伏也○盧文弨曰正字通弟作弚後來字書亦因之而於古無有也類篇弟字下有徒回反一音云弟靡不窮貌正本此列子黃帝篇作茅靡○弟靡列子作茅靡褚伯秀曰當從列子爲正即草上之風必偃庶協下文波流之義波流如字崔本作波隨云常隨從之○王念孫曰郭象曰變化頹靡世事波流無往而不因釋文波流崔本作波隨云常隨從之案作波隨者是也蛇何靡隨爲韻蛇古音徒禾反靡古音摩隨古亦音徒禾反○叔岷案弟靡猶夷靡易渙匪夷所

思夷荀作弟文選射雉賦或乃崇墳夷靡注云夷靡頽弛也波隨從崔本猶莎隨呂氏慎大覽莎隨賁服高注莎隨言相守不進不欲與崔注常隨從之義合然後列子自以爲未始學而歸三年不出爲其妻爨食豕如食人〔注〕忘貴賤也〔釋文〕爲其于僞反妻爨七判反食豕音嗣下同於事无與親〔注〕唯所遇耳彫琢復朴〔注〕去華取實○叔岷曰既雕既琢復歸於樸也山木篇〔釋文〕彫琢竹角反去華羌呂反塊然獨以其形立〔注〕外飾去也○叔岷曰有人之形無人之情也德充符篇〔釋文〕塊然徐苦怪反又苦對反紛而封哉〔注〕雖動而真不散也〔釋文〕紛而芳云反崔云亂貌封哉崔本作戎云封戎散亂也○李楨曰紛而封哉列子黄帝篇作㤋然而封戎案封戎是也六句並韻語食豕二句人親爲韻彫琢二句朴立爲韻紛而二句戎終爲韻哉字傳寫之譌下四亦韵語惟崔本不誤與列子同尚書公無困哉漢書兩引作公無困我此以我譌

哉亦是一證○解故封哉當依崔本作封戎即蒙戎尨茸也古封字亦讀重脣○張君房本紛下有然字**一以是終**〔注〕使物各自終**无爲名尸**〔注〕因物則物各自當其名也**无爲謀府**〔注〕使物各自謀也**无爲事任**〔注〕付物使各自任**无爲知主**〔注〕無心則物各自主其知也〔釋文〕知主音知注同**體盡无窮**〔注〕因天下之自爲故馳萬物而無窮也**而遊无朕**〔注〕任物故無迹○叔岷曰聖人無情體道之虛故在己無居形物自箸其動若水其靜若鏡其應若響也天下篇又案淮南詮言篇聖人不爲名尸不爲謀府不爲事任不爲智主藏無形行無迹遊無朕即本莊子此文〔釋文〕无朕直忍反崔云兆也○叔岷案齊物論若有真宰而不得其朕釋文引李云朕兆也淮南詮言篇遊無朕高注朕兆也俶真篇欲與物接而未成兆朕朕即兆也**盡其所受**

乎天〔注〕足則止也而无見得〔注〕見得則不知止亦虛而已〔注〕不虛則不能任羣實**至人之用心若鏡**〔注〕鑒物而無情**不將不迎應而不藏**〔注〕來即應去即止〔釋文〕應而不藏如字本又作臧亦依字讀**故能勝物而不傷**〔注〕物來乃鑒鑒不以心故雖天下之廣而無勞神之累○解故將逆猶將迎將送也說文逆迎也案本文即作迎或章氏所見本作逆○叔岷曰聖人處物不傷物不傷物者物亦不能傷也唯无所傷爲能與人相將迎知北遊篇大宗師篇其於物无不將也无不迎也意與此同又案淮南覽冥篇故聖若鏡不將不迎應而不藏故萬化而無傷即本莊子此文淮南聖下脫人字可據莊子校補**南海之帝爲儵北海之帝爲忽中央之帝爲渾沌**〔釋文〕儵音叔李云喻有象也忽李云喻無形也渾胡本反沌徒本反崔云渾沌無孔竅也李云清濁未分也此喻自然簡文云儵忽取神速爲名渾沌以合和爲貌神速譬有爲合和譬無爲○叔岷

案儵借爲倏說文倏犬走疾也廣雅釋詁儵疾也楚辭招魂往來倏忽儵忽喻萬物相對之變化故以南北言中央喻物物者非物故曰渾沌處物物之地而任知巧則適自傷而已儵與忽時相與遇於渾沌之地渾沌待之甚善儵與忽謀報渾沌之德曰人皆有七竅以視聽食息此獨无有嘗試鑿之日鑿一竅七日而渾沌死〔注〕爲者敗之〇叔岷曰此所謂開人之天達生篇是以人滅天也秋水篇夫俗人昭昭聖人昏昏俗人察察聖人悶悶塞其兑閉其門終身不勤沌沌然如愚人之心也若開其門濟其事則終身不救參老子傷身失性皆知巧之過此渾沌之所以鑿竅而死也〔釋文〕七竅苦叫反說文云孔也〇眼耳口鼻通稱七竅七日而渾沌死崔云言不順自然強開耳目也

卷三下終

附録一　莊子校詮（節選）

節選自《國立中央研究院歷史語言研究所專刊之八十八》

大宗師第六

釋文：『大宗師，崔云：遺形忘生，當大宗此法也。』案所主爲宗，所尊爲師。此篇發明内聖之道，旨在泯合天人，冥絶生死，達於坐忘，而與道合而爲一，此所宗師者也。又此篇深而不淳，雜有神仙甚至法家思想，疑是莊子早期作品，或學莊之徒有所竄亂。

知天之所爲，知人之所爲者，至矣〔一〕！知天之所爲者，天而生也〔二〕；知人之所爲者，以其知之所知以養其知之所不知〔三〕，終其天年而不中道夭者，是知之盛也。雖然，有患。夫知有所待而後當〔四〕，其所待者特未定也〔五〕。庸詎知吾所謂天之非人乎？所謂人之非天乎〔六〕？且有真人而後有真知〔七〕，何謂真人？古之真人，不逆寡〔八〕，不雄成〔九〕，不謩士〔一〇〕。若然者，過而弗悔，當而不自得也〔一一〕。若然者，登高不慄，入水不濡，入火不熱〔一二〕。是知之能登假於道也若此〔一三〕。古之真人，其寢不夢，其覺无憂〔一四〕，其食不甘〔一五〕，其息深深。真人之息以踵〔一六〕，衆人之息以喉。屈服者，其嗌言若哇〔一七〕。其耆欲深者，其天機淺〔一八〕。

〔一〕案淮南子人間篇：『知天之所爲，知人之所行，則有以徑於世矣。（徑，行也。今本徑誤任，王氏雜志有說。）知天而不知人，則無以與俗交；知人而不知天，則無以與道游。』正發明莊子此文之義。（要略篇：『言道而不言事，則無以與世浮沈；言事而不言道，則無以與化游息。』義亦可參。）泯合天、人，乃爲極致，荀子解蔽篇謂『莊子蔽於天而不知人。』蓋不然矣。

〔二〕郭注：『天者，自然之謂也。』案天道篇：『知天樂者，其生也天行。』刻意篇：『聖人之生也天行。』亦所謂『天而生』也。

〔三〕案繕性篇：『古之治道者，以恬養知。』則陽篇：『人皆知尊其知之所知，而莫知恃其知之所不知而後知。』（恃借爲待。）所知以養其所不知，乃得真知耳。

〔四〕案知所待者，即所不知也。淮南子說林篇：『智所知者褊矣，然待所不知而後明。』（高注：褊，狹。）

〔五〕案待所不知，故未定也。淮南子俶真篇作『其所持者不明。』持亦借爲待。

〔六〕成疏：『天之與人，理歸無二。此則泯合天人，混同物我者也。』（節引。）案『庸詎』，複語，猶何也，豈也。（經傳釋詞五有說。）自然之理用於人爲，則天亦人也；人爲之理合乎自然，則人亦天也。

〔七〕案淮南子俶真篇：『是故有真人然後有真知。』

〔八〕成疏：『虛懷任物，微少曾不逆忤。』（節引。）案秋水篇：『小而不寡。』故雖寡而無忤也。

〔九〕郭注：『不恃其成而處物先。』馬氏故引洪頤煊曰：『雄即勇之借字，墨子：雄而不修者其後必惰。』案老子：『知其雄，守其雌。』（天下篇引之。）又云：『功成而弗居。』故不自雄其成也。秋水篇：『不恃其成。』即郭注所本。

〔一〇〕馬氏故引褚伯秀曰：『士同事，不豫謀也。』章太炎云：『說文：「士，事也。」』古士、事本一字，「不謩士」者，「不謀事」也。」案德充符篇：『聖人不謀。』庚桑楚篇：『至知不謀。』刻意篇及古佚帛書稱篇並云：『不豫謀。』（帛書，一九七三年一一月至一九七四年初，發現於湖南長沙馬王堆三號漢墓。）

〔一一〕成疏：『天時已過，曾無悔吝之心；分命偶當，不以自得爲美也。』案秋水篇：『得而不喜，失而不憂。』

〔一二〕案田子方篇：『古之真人，其神經乎大山而无介，入乎淵泉而不濡。』秋水篇：『至德者，火弗能熱，水弗能溺。』淮南子原道篇：『得道者入火不焦，入水不濡。』真人即至德者，亦即得道者也。列子黃帝篇稱華胥氏國之民，入水不溺，入火不熱。』

〔一三〕郭注：『言夫之登至於道者，若此之遠也。』成疏：『假，至也。』（釋文同。）案淮南子精神篇：『此精神之所以能登假於道也。』高注：『假，至也。上至於道也。』假訓至，則讀爲格，爾雅釋詁：『格，至也。』德充符篇：『彼且擇日而登假。』彼文『登假』猶『登霞』，與此異議。褚伯秀已謂此文『假音格』。

〔一四〕案刻意篇謂聖人『其寢不夢，其覺无憂』。淮南子俶真篇亦謂聖人『其寐不夢，其覺不憂』。精神篇謂真人『其寢不夢。』繆稱篇謂體道者『其寢無夢』。列子周穆王篇亦云：『古之真人，其覺自忘，其寢不夢。』聖人猶真人，亦即體道者也。天下篇：『不離於真，謂之至人。』真人、至人並言其體，聖言其名也。（參看逍遥遊篇成疏。）

〔一五〕郭注：『理當食耳。』成疏：『同塵而食，不耽滋味。』案『其食不甘，』謂不求美食耳。老子之理想小國，其民『甘其食』，莊子謂至德之世，其民『甘其食』。謂以其食爲甘，亦非食美食也。二義相因不相背。

〔一六〕郭注：『乃在根本中來。』釋文：『王穆夜云：起息於踵，遍體而深。』

〔一七〕成疏：『嗌，喉也。哇，碍也。屈折起伏，氣不調和，咽喉之中恆如哇碍也。』釋文：『哇，獲媧反。又音絓，結也。言咽喉之氣結礙不通也。』案成疏服作伏，古字通用。屈伏即是氣不調和，不必釋爲『屈折起伏』。哇訓碍（礙之俗）、訓結，則是絓之借字，釋文音絓，是也。説文：『絓，繭滓絓頭也。』段注：『謂繅時繭絲成結有所絓礙，引申爲絓礙之稱。』（朱駿聲以咥爲吐之誤，非是。）

〔一八〕案道藏成疏本、王元澤新傳本、褚伯秀義海纂微本耆皆作嗜，記纂淵海四五引同，嗜、耆，正、假字。秋水篇：『今予動吾天機。』文選任彥昇爲范尚書讓吏部封侯第一表注引司馬彪注：『天機，自然也。』嗜欲愈深，則愈失其自然矣。

古之真人，不知說生，不知惡死〔一〕；其出不訢，其入不距〔二〕；翛然而往，翛然而來而已矣〔三〕。不忘其所始，不求其所終〔四〕；受而喜之，忘而復之〔五〕，是之謂不以心捐道，不以人助天〔六〕，是之謂真人。若然者，其心志，其容寂〔七〕，其顙頯〔八〕。淒然似秋，煖然似春〔九〕，喜怒通四時〔一〇〕，與物有宜，而莫知其極〔一一〕。故聖人之用兵也，亡國而不失人心〔一二〕；利澤施乎萬世，不爲愛人〔一三〕。故樂通物，非聖人也〔一四〕；有親，非仁也〔一五〕；天時，非賢也〔一六〕；利害不通，非君子也〔一七〕；行名失己，非士也〔一八〕；亡身不真，非役人也〔一九〕。若狐不偕、務光、伯夷、叔齊、箕子、胥餘、紀他、申徒狄〔二〇〕，是役人之役，適人之適，而不自適其適者也〔二一〕。

〔一〕案秋水篇：『生而不說，死而不禍。』列子黃帝篇謂華胥氏之國，其民『不知樂生，不知惡死。』

〔二〕成疏：『時應出生，本無情於忻樂；時應入死，豈有意於距諱邪？』釋文：『距，本又作拒。』章太炎云：『訢借爲忻，説文：「忻，闓也。」司馬法曰：善者忻民之善，閉民之惡。」距亦閉也，忻、距相對爲文。』車柱環云：『成疏：「本無情於忻樂。」疑所見本訢作忻。』（讀莊偶拾。）案説文：『忻，闓也。闓，開也。』漢書趙廣漢傳：『尤善爲鉤距。』晉灼注：『距，閉也。』（距乃歫之借字，拒與歫同，説文：『歫，止也。』故有閉義。）訢、距猶忻、距，義爲開、閉，章説是。成疏或説訢爲忻，以爲『忻樂』字，則非其旨矣。達生篇：『无入而藏，无出而陽。』與此文義近。

〔三〕成疏：『翛然，無係皃也。』釋文：『翛音蕭，本又作儵，徐音叔。李音悠。向云：「翛然，自然無心而自爾之謂。」郭、崔云：「往來不難之貌。」司馬云：「儵，疾貌。」李同。』案向、郭、崔、成諸説，義咸相符。翛與悠通，李音悠，是也。爾雅釋詁：『悠，遐也。』郭注：『遐亦遠也。』史記司馬相如傳：『悠遠長懷。』正義：『悠遠，放散貌也。』『放散貌』與向、郭、崔、成説『翛然』義亦相符。一本翛作儵，儵諧攸聲，亦與悠通，列女傳辯通篇齊管妾婧傳：『古有白水之詩：浩浩白水，儵儵之魚。』『儵儵』猶『悠悠』，從容自得之貌。與此文『儵然』之義亦合。司馬、李並釋此文儵爲『疾貌』。儵固有疾義，（廣雅釋詁一：『儵，疾也。』本字作倏，説文：『倏，疾也。』）施之於此，頗覺不倫。庚桑楚篇：『翛然而往，侗然而來。』（侗然，無知貌。）

〔四〕錢穆云：『忘，疑志字之譌。』案忘當作志，字之誤也。志、求對言，文義一律。淮南子本經篇作『不謀所始，不議所終。』謀、議對言，義亦一律，呂氏春秋貴公篇：『上志而下求。』亦以志、求對言，與此同例。

〔五〕錢纂箋引馬其昶曰：『受而喜者，鼠肝蟲臂，無往不可也。忘而復者，安時處順，哀樂不入也。』案馬氏據下文以釋此上句，甚當。惟據下文及養生主篇之文以釋此下句，則不甚恰。此謂無所受而不適（本郭注），無所係以返其本也。

〔六〕郭注：「真人知用心則背道，助天則傷生，故不爲也。」成疏：『捐，棄也。』釋文：『捐，徐以全反。郭作揖。崔云：或作楫，所以行舟也。』郭氏集釋引俞樾曰：『捐字誤。釋文云：「郭作揖。崔云：或作楫，所以行舟也。」其義彌不可通。疑皆偝字之誤，偝即背字，故郭注曰：「真人知用心則背道，助天則傷生。」是郭所據本正作偝也。』吳汝綸云：『郭作揖者是也。崔作楫，楫、揖皆與輯通。徐作捐者形誤也。』章太炎云：『捐當從郭作揖，說文：「揖，手箸匈也。」箸匈爲揖，引伸爲匈有所箸，「不以心揖道」者，「不以心箸道」也。』朱桂曜云：『捐蓋損之壞字，則陽篇郭注：「損其名也。」釋文：「捐，本亦作損。」盧文弨曰：「今書捐作損。」「不以心損道」，猶言「不以心害道」也。』案崔本捐作楫，固不可通。郭注：『真人知用心則背道。』釋文引郭作揖，揖無背義，疑捐之誤。俞氏以爲偝字之誤，成疏：『捐，棄也。』（本說文。）棄與背義亦相因，則捐不必作偝。吳、章並從郭作揖，揖有箸義，說固可通，然與郭注言背不合。朱以捐爲損之壞字，史記賈誼列傳索隱引此文正作損，『不以心損道，不以人助天』。一損一助，相對而言，（校釋有說。）損與捐義亦相近。又秋水篇：「不以人滅天。」助天、滅天，皆失自然也。

〔七〕趙以夫云：『「其心志」，志當作忘。』褚伯秀云：『志字諸解多牽強不通，趙氏正爲忘字，與「容寂」義協，其論甚當。元本應是如此，傳寫小差耳。』案志爲忘之形誤，徐无鬼篇『上忘而下畔』，吕氏春秋貴公篇忘作志，亦二字相亂之例。

〔八〕郭注：『頯，大朴之貌。』釋文：『顙，頟也。郭苦對反。一音逵。王云：「質朴无飾也。」向本作魌，云：「魌然，大朴貌。」廣雅云：「魌，大也。」』案魌與頯同，廣雅釋詁一：『魌，大也。』釋詁三：『頯，厚也。』王氏疏證云：『莊子大宗師篇：「其顙頯。」郭象注云：「頯，大朴之貌。」天道篇：「而顙頯然。」注云：「高露發美之貌。」皆厚之義也。』天道篇釋文引司馬本頯作魌，與此文向本同。

〔九〕郭注：『殺物非爲威也，生物非爲仁也。』釋文：『煖音暄。』案淮南子主術篇：『夫至精之動，若春氣之生，秋氣之殺也。』劉子言苑篇：『暄然而春，榮華者不謝；悽然而秋，凋零者不憾。』（本下文郭注。）

〔一〇〕案德充符篇：『是接而生時於心者也。』即『喜怒通四時』之意。淮南子本經篇：『喜怒和於四時。』本此。

〔一一〕案謂隨事合宜（本宣解），不可窮極。

〔一二〕釋文：『崔云：亡敵國而得其人心。』案如湯、武之於桀、紂。

〔一三〕案下文及天道篇並云：『澤及萬世而不爲仁。』

〔一四〕郭注：『夫聖人无樂也，直莫之塞，而物自通。』案通字疑涉下文『利害不通』而衍，則陽篇言聖人『其於人也，樂物之通，而保己焉。』則『樂通物』，不得謂之非聖人也。郭氏強爲之説耳。

〔一五〕郭注：『至仁无親。』案天運篇：『至仁无親。』淮南子詮言篇：『大仁無親。』

〔一六〕錢纂箋引馬敍倫曰：『郭注：「時之者，未若忘時而自合之賢也。」是郭注本作「時天」。』案覆宋本郭注『時之』作『時天』（道藏成疏本、褚伯秀義海纂微本並作『時人』，人蓋天之壞字），郭氏未得時字之義，時讀爲待，易蹇：『象曰：往蹇來譽，宜待也。』釋文引張璠本待作時；歸妹：『象曰：愆期之志，有待而行也。』釋文引一本待作時，並時、待古通之證。『時天』猶『待天』，莊子所貴者無待，則待天固非賢矣。今本正文作『天時』，蓋誤倒也。

〔一七〕郭注：『不能一是非之塗，而就利違害，則傷德而累當矣。』案齊物論篇言『聖人不就利，不違害』。是通利害也。然則通利害，非僅君子而已。

〔一八〕郭注：『善爲士者，遺名而自得。』吳汝綸云：『「行名」疑當作「徇名。」』案『行名』義頗難通，吳説蓋是，徇正作侚，侚與行形尤相近。徇乃侚之隸變，俗又作殉。文選賈誼鵩鳥賦：『烈士殉名。』注引瓚曰：『以身從物曰殉。』又引莊子佚文：『胥士之殉名。』（今本莊子誤列子。）駢拇篇：『士則以身殉名。』（褚伯秀義海纂微本殉作徇。）此則言『徇名失己，非士也。』意甚明白。郭注：『善爲士者，遺名而自得。』『遺名』正對『徇名』而言。秋水篇：『无以得徇名。』亦可證此『行名』之誤。

〔一九〕郭注：『自失其性，而矯以從物，受役多矣，安能役人乎！』案讓王篇：『道之真，以治身。』『不真』

猶『失真』。（郭注蓋說不爲失。）亡身失真，則爲人所役矣。

〔二〇〕成疏：『姓狐，字不偕，堯時賢人，不受堯讓，投河而死。務光，夏時人，湯讓天下不受，自負石沈於廬水。胥餘者，箕子名也。紀他者，湯時逸人也。聞湯讓務光，恐及乎己，遂將弟子蹈於窾水而死。申徒狄聞之，因以踣河。』馬氏故引朱亦棟曰：『釋文：「尸子曰：箕子、胥餘，漆身爲厲，被髮佯狂。」與秦策「箕子、接輿漆身爲厲，被髮爲狂，無益於殷、楚」語同，是胥餘即接輿也。』錢纂箋引馬敘倫曰：『史記鄒陽傳索隱引韋昭曰：「申徒狄，六國時人。」御覽引墨子：「申徒狄謂周公曰。」周公乃東西周之君。』案務光事，見外物及讓王二篇。伯夷、叔齊事，見讓王篇，亦略見盜跖篇。外物篇言『箕子狂』。釋文：『司馬云：「胥餘，箕子名也。見尸子。」崔同。』以箕子、胥餘爲一人，成疏本之，似是一人。據戰國策秦策，接輿即胥餘，則箕子、胥餘是二人，二人蓋是。文選東方曼倩非有先生論注亦引尸子云：『箕子胥餘，漆體而爲厲，被髮佯狂。』（汪繼培輯尸子有此條。）紀他、申徒狄事，並見外物篇，申徒狄事，亦見盜跖篇。

〔二一〕錢纂箋引王闓運曰：『外篇駢拇專明此意。』案駢拇篇云：『是適人之適，而不自適其適者也。』

古之真人，其狀義而不朋〔一〕，若不足而不承〔二〕；與乎其觚而不堅也〔三〕，張乎其虛而不華也〔四〕；邴邴乎其似喜乎〔五〕！崔乎其不得已乎〔六〕！滀乎進我色也〔七〕！與乎止我德也〔八〕！厲乎其似世乎〔九〕！謷乎其未可制也〔一〇〕！連乎其似好閉也〔一一〕！悗乎忘其言也

〔一二〕！以刑爲體，以禮爲翼〔一三〕，以知爲時〔一四〕，以德爲循〔一五〕。以刑爲體者，綽乎其殺也〔一六〕；以禮爲翼者，所以行於世也〔一七〕；以知爲時者，不得已於事也〔一八〕；以德爲循者，言其與有足者至於丘也〔一九〕；而人真以爲勤行者也〔二〇〕。故其好之也一，其弗好之也一〔二一〕。其一也一，其不一也一〔二二〕。其一與天爲徒，其不一與人爲徒〔二三〕。天與人不相勝也，是之謂真人〔二四〕。

〔一〕郭氏集釋引俞樾曰：『義當讀爲峨，峨與義並從我聲，故得通用。天道篇：「而狀義然。」「義然」即「峨然」也。朋讀爲崩，易復象辭：「朋來无咎。」漢書五行志引作「崩來无咎」，是也。「其狀峨而不崩」者，言其狀峨然高大而不崩壞也。廣雅釋詁：「峨，高也。」釋訓：「峨峨，高也。」高與大義相近，故文選西京賦「神山峨峨」，薛綜注曰：「峨峨，高大也。」天道篇「義然」，即可以此說之。』章太炎云：『俞先生以義爲峨，以朋爲崩。案義當爲本字，公羊桓二年傳：「義形於色。」朋即馮之借，方言：「馮，怒也。」楚辭曰：「康回馮怒。」亦訓盛，楚辭曰：「馮翼惟象。」盜跖篇云：「侅溺於馮氣。」其作朋者，吳語：「奮其朋勢。」以朋爲馮，猶「淜河」作「馮河」也。「義而不朋」，謂義形於色而無奮矜之容也。』案義讀爲巍峨字，俞說是。朋借爲馮，章說是，惟馮當取馮陵義，左襄八年傳：『馮陵我城郭。』杜注：『馮，迫也。』『其狀義而不朋』，謂其狀貌巍峨而不脅迫人也。論語子張篇：『望之儼然，即之也溫。』與此文義近。

〔二〕案老子四十章：『廣德若不足。』（帛書甲乙本老子若並作如。）寓言篇老子戒陽子居曰：『盛德若不足。』廣、盛同義。錢纂箋引曹受坤曰：『說文：承，受也。』若不足者，非不足也。既非不足，則無所受矣。

〔三〕郭注：『常遊於獨，而非固守。』成疏：『觚，獨也。堅，固也。』釋文：『觚音孤。王云：「觚，特立不羣也。」崔云：「觚，棱也。」』郭氏集釋引俞樾曰：『郭注曰：「常遊於獨，而非固守。」是讀觚爲孤，然與「不堅」之義殊不相應；釋文引崔云「觚，棱也」，亦與「不堅」之義不應。殆皆非也。養生主篇：「技經肯綮之未嘗，而況大軱乎！」釋文引崔云「槃結骨」。疑此觚字即彼軱字，骨之槃結，是至堅者也。「軱而不堅」，是謂真人。崔不知觚、軱之同字，故前後異訓耳。』郭氏又引李楨曰：『「與乎其觚」與「張乎其虛」對文，觚字太不倫。據注、疏訓獨，釋文引王云「觚，特立不倚也」，並是孤字之義，知所據本必皆作孤，觚是叚借。爾雅釋地：「觚竹、北户。」釋文云：「本又作孤。」此觚、孤互通之證。孤特者率方而有棱，故其字亦可借觚爲之。「與乎」二字，與下「與乎止我德也」複，疑此誤。注云「常遊於獨」，就遊字義求之，或元是趨字，抑或是懙字，說文：「趨，安行也。懙，趣步懙懙也。」並與遊義合。』馬氏故引姚鼐曰：『當作「堅而不觚」，以韻求之亦是。』錢纂箋引劉師培曰：『堅本作固，隋諱堅改固，唐人復固爲堅。其有故文作固者，亦或例易爲堅。』案『與乎』雖與下文『與乎止我德也』複，而取義略別，此與即懙之借字，趣字義亦相符。不必如李楨說以此與爲誤。說文：『懙，趣步懙懙也。』段注：『漢書（敍傳下）「長倩懙懙。」蘇林曰：「懙懙，行步安舒也。」論語：「與與如也。」馬注曰：「與與，威儀中適之皃。」「與與」即「懙愬」之叚借。』與此同例。『觚而不堅』當作『堅而不觚』，如姚說。郭注、成疏釋觚爲獨，王釋爲『特立不羣』，（李楨誤引羣爲倚。）蓋皆以觚爲孤，釋文『觚音孤』是也。李楨既謂『觚是叚借』，又何必言注、疏及王『所據本必皆作孤』邪！崔釋觚爲棱，則觚借爲柧，說文：『柧，棱也。』朱駿聲云：『觚，叚借爲柧，漢書（酷吏傳序）注：「觚，方也。」莊子大宗師：「其觚而不堅也。」崔注：「棱也。」又爲孤，爾雅釋地：「觚竹。」莊子大宗師王注：「觚，特立不羣也」。』其說是也。『堅而不觚』，謂堅固而无方棱也。孤特者率方而有棱，李說是。則觚借爲孤，與崔釋觚爲棱，義亦相近。至於俞氏所引養生主篇之『大軱』，崔釋軱爲『槃結骨』，亦是孤之借字，彼文有說。

〔四〕郭注：『曠然無懷，乃至於實。』案謂曠然空虛，而不浮華。（兼本成疏。）

〔五〕釋文：『邴邴，簡文云：明貌。』朱駿聲云：『邴借爲炳。』案說文：『炳，明也。』『邴邴乎』，開朗貌。陳碧虛闕誤引成玄英、文如海、張君房諸本句末乎字皆作也。下文『崔乎其不得已乎』『厲乎其似乎』句末乎字亦皆作也，與他句一律。也與乎同義。

〔六〕成疏：『崔，動也。真人應物无方，迫而後動，不得已而應之者也。』（節引。）釋文：『崔乎，向云：「動貌。」簡文云：「速貌。」』章太炎云：『崔借爲摧、讙、催，邶風音義引韓詩摧作讙，就也。就即蹴之省借。「讙就」即今言「催蹙。」」說文无讙，但作摧、催。「讙乎其不得已」，言蹙然如不得已也。』簡文訓「速貌」，得之。』案陳碧虛闕誤引成、文、張諸本『崔乎』皆作『崔崔乎』，與上句『邴邴乎』對文。崔借爲傕，説文：『傕，相擣也。』段注：『猶相迫也。』『崔乎』或『崔崔乎』，訓『動貌』或『迫貌』，並與『不得已』相應。刻意篇：「感而後應，迫而後動，不得已而後起。」即此文之義，成疏得之。

〔七〕釋文：『滀，司馬云：「色憤起貌。」簡文云：「聚也。」』案如司馬説，則滀借爲慉，説文：『慉，起也。』起與進義相應。如簡文説，則滀借爲蓄，説文：『蓄，積也。』『滀乎進我色』與『充實而有光輝』（孟子盡心篇）之義近。惟『滀乎進』與下『與乎止』相對而言，滀借爲慉，義較勝。

〔八〕成疏：「恆容與無爲，作於真德，所謂動而常寂者也。」馬氏故引高駿烈：『與讀容與之與。』朱桂曜云：『「與」與「豫」通，儀禮士虞禮：「主人不豫。」豫，今文作與。爾雅釋地李注：「河南其氣著密，厥性安舒，故曰豫。豫，舒也。」』（節引。）案成疏已以與爲容與字，義不甚洽。與當讀爲豫，爾雅釋詁：『豫，安也。安，止也。』豫與止義正相應。朱釋豫爲安舒，則與止不甚相應矣。

〔九〕釋文：『厲，崔本作廣，云：苞羅者廣也。』王念孫云：『崔本厲作廣，經傳中厲、廣二字往往相亂，月令：「天子乃厲飾。」呂氏春秋季秋篇作「厲服厲飭」，淮南時則篇作「厲服廣飾」。史記平津侯傳：「厲賢予祿。」徐廣曰：「厲，一作廣。」儒林傳：「以廣賢材。」漢書廣作厲。漢書地理志：「齊郡廣」，説文水部注廣譌作厲。』（史記禮書雜志。）郭氏集釋引俞樾曰：『世乃泰之叚字，荀子榮辱篇：「橋泄者，人之殃也。」劉氏台拱補注曰：「『橋泄』即『驕泰』之異文，荀子他篇或作汏，或作忲，或作泰，皆同。漏泄之泄，古多與外、大、害、敗爲韻，亦讀如泰也。」又引賈子「簡泄不可以得士」爲證。然則以世爲泰，猶以泄爲泰也。猛厲與驕泰，其義相應，釋文曰：「厲，崔本作廣。」廣大亦與泰義相應，泰亦大也。』案崔本厲作廣，兩義並通。惟上文『張乎其虛而不華也』，『張乎』猶『曠然』，此如作『廣乎』，於義似複。當以作厲爲是，廣乃厲之誤，左定十二年傳：『與其素厲，寧爲無勇。』杜注：『厲，猛也。』『厲乎』，威猛貌。世乃泰之叚字，俞説是。

〔一〇〕郭注：『高放而自得。』釋文：『謷乎，司馬云：「志遠貌。」王云：「高邁於俗也。」』案廣雅釋詁四：『顤，高也。』王氏疏證引此文及郭注，云：『謷與顤同義。』是也。朱駿聲引此文及司馬注，云：「謷借爲傲。」説亦近之。

〔一一〕釋文：『造，崔云：蹇連也。』馬氏故引姚永概曰：『文選注：蹇連，言語不便利也。』錢纂箋引姚鼐曰：『閉當作閑。』案姚所引文選注，乃楊子云解嘲『孟軻雖連蹇』蘇林注，『蹇連』本作『連蹇』。宣解本徑改閉爲閑，閑與下文言爲韻。閑亦有閉義，太玄經閑：『閑其藏。』范注：『閑，閉也。』蹇連與閑閉，義正相應。

〔一二〕成疏：『悗，無心貌也。自此以前，歷顯真人自利利他內外德行；從此以下，明真人利物爲政之方也。』釋文：『悗，王云：廢忘也。』案悗與忘相應，王釋爲『廢忘』，是也。成疏：『悗，無心貌。』義亦相符。韓非子忠孝篇『古者黔首悗密蠢愚』注：『悗，忘情貌。』孫詒讓札迻引莊子文爲證。『忘情貌』，與此文悗義亦相近。説文無悗字，審其義，當讀爲慢，釋名釋言語：『慢，漫也。漫漫心無所限忌也。』『忘其』二字疑當倒置，乃與上文句法一律。

〔一三〕郭注：『刑者治之體。』案體、翼二字疑當互易，蓋禮乃治之體，刑所以輔翼禮者耳。『以刑爲體』，頗類法家語。在宥篇：『麤而不可不陳者，法也。聖人齊於法而不亂。』亦頗類法家語。

〔一四〕成疏：運知以應時。（下文疏。）

〔一五〕釋文：『循，本亦作修，兩得。』王念孫云：『隸書循、修二字往往譌溷，繫辭傳：「損，德之脩也。」釋文：「修，馬本作循。」晉語：「矇瞍修聲。」王制正義引作循。史記商君傳：「湯、武不循古而王，」索隱曰：「商君書作『脩古』。」（下略。）』郭氏集釋引俞樾曰：『陸氏以爲兩得，非。下文「與有足者至於丘也。」自〔以〕作循爲是。說文：「循，順行也。」若作修，則無義矣。』

〔一六〕郭注：『任治之自殺，故雖殺而寬。』成疏：『綽，寬也。所以用刑法爲治體者，以殺止殺，殺一懲萬，故雖殺而寬。』章太炎云：『「綽乎其殺」，文不可通。注言「雖殺而寬」，甚迂。殺當借爲察，鄉飲酒義：「愁之以時察。」注：「察或爲殺。」是其例。綽從卓聲，得借爲焯，說文：「焯，明也。周書曰：焯見三有俊心。」「焯乎其察」，猶言「明乎其察」也。（下略。）』朱桂曜云：『當從郭注爲是，殺其所當殺，故雖殺而寬，所謂「䪡萬物而不爲戾」也。』（節引。）案朱從郭注，是。『䪡萬物而不爲戾』，見天道篇，成疏：『䪡，碎也。戾，暴也。』如秋氣之殺，不覺其暴也。此文成疏以『以殺止殺』釋『綽乎其殺』，似不甚當。商君書靳令篇及說民篇並有『以刑去刑』之說，又見韓非子內儲說上、七術篇及飭令篇，此乃法家用重刑以去刑之說，真人豈用重刑者哉！

〔一七〕天下篇：「以禮爲行。」白虎通禮樂篇：『禮之爲言履也，可履踐而行。』

〔一八〕案『不得已』，不得不然也。亦即必然也。此謂運知應時，行必然之事。（兼本郭注、成疏。）

〔一九〕宣解：『德之所在，人人可至。如丘之所在，有足者皆可至。』（節引。）馬其昶云：『丘即丘墟、丘里之丘。』劉師培云：『丘與虛同，說文丘字注云：「丘謂之虛。」左傳昭十二年疏引張衡說云：「丘，空也。」丘、虛二字，古籍互用靡區，「至於丘」者，人間世所云「集虛」也。』（莊子校義。）案丘、虛二字固可互用，然此丘，即通常所謂丘墟字（墟，俗虛字），如馬說，與人間世篇『唯道集虛』之虛，取義迥別。丘墟者易至之地，其猶若也。（裴學海古書虛字集釋五，有『其猶若也』之說。）此謂順德而行者，言若與有足者至於丘墟之易也。

〔二〇〕案老子四十一章：『上士聞道，勤行之。』真人動合乎德，豈復勤行邪！

〔二一〕成疏：好與弗好，出自凡情。而聖智虛融，未嘗不一。

〔二二〕成疏：『其一，聖智也；其不一，凡情也。既而凡、聖不二，故不一皆一之也。』案淮南子精神篇：『夫天地運而相通，萬物總而爲一。能知一，則無一之不知也；不能知一，則無一之能知也。』能知一者，則知不一者亦一矣。

〔二三〕錢纂箋引馬其昶曰：『一者，統體一極也；不一者，物物一極也。』案篇首所謂『知天之所爲，知人之所爲』也。

〔二四〕郭注：『夫真人同天人，齊萬致。』案達生篇：『不厭其天，不忽於人。』亦混同天人之義也。○以上第一章。真人之知、行。

死生，命也〔一〕，其有夜旦之常，天也〔二〕。人之有所不得與，皆物之情也〔三〕。彼特以天爲父，而身猶愛之，而況其卓乎〔四〕！人特以有君爲愈乎己，而身猶死之〔五〕，而況其真乎〔六〕！泉涸，魚相與處於陸，相呴以濕，相濡以沫，不如相忘於江湖〔七〕。與其譽堯而非桀也，不如兩忘而化其道〔八〕。夫大塊載我以形〔九〕，勞我以生，佚我以老，息我以死〔一〇〕。故善吾生者，乃所以善吾死也〔一一〕。夫藏舟於壑，藏山於澤，謂之固矣〔一二〕。然而夜半有力者負之而走，昧者不知也〔一三〕。藏小大有宜，猶有所遯〔一四〕。若夫藏天下於天下，而不得所遯，是恆物之大情也〔一五〕。特犯人之形而猶喜之〔一六〕。若人之形者，萬化而未始有極也〔一七〕，其爲樂可勝計邪〔一八〕！故聖人將遊於物之所不得遯而皆存〔一九〕。善天、善老〔二〇〕，善始、善終，人猶效之，又況萬物之所係，而一化之所待乎〔二一〕！

〔一〕案論語顏淵篇：『子夏曰：死生有命。』有猶由也。

〔二〕郭注：『死生者命之極，非妄然也，若夜旦耳。』馬氏故引吳汝綸曰：『有讀爲猶。』案郭注『若夜旦耳。』說有爲若，若與猶同義。（『有』猶『猶』也，例證頗多，古書虛字新義〔十二、有〕條有說。）至樂篇：『死生爲晝夜。』田子方篇：『死生終始將爲晝夜。』舊鈔本文選江文通雜體詩注引莊子佚文云：『假令十寸之杖，五寸屬晝，五寸屬夜，晝主陽，夜主陰，陽主生，陰主死，之晝復夜，生復死，雖一尺之杖，陰陽生死之理，无有窮時。』可發明此文之義。

〔三〕郭注：『夫真人在晝得晝，在夜得夜，以死生爲晝夜，豈有所不得乎！人之有所不得，而憂娛在懷，皆物情耳，非理也。』案郭讀『人之有所不得』爲句，未得其義。宣解、吳點勘並以與字屬上絶句，宣於與下注云：『去聲。』以與爲參與字，是也。（錢纂箋從之。）王氏集解云：『死生與夜旦等，皆由天命，不可更以人與。』亦從與字絶句。朱桂曜云：『與讀曰豫，即「參預」之預也。』豫、預，正、俗字。

〔四〕郭注：『卓者，獨化之謂也。』案人間世篇：『子之愛親，命也，不可解於心。』『以天爲父』，故亦愛之也。淮南子精神篇：『聖人法天順情，以天爲父。』莊子此文，則謂衆人耳。王氏墨子雜志引此文及郭注，並云：『秋水篇：「吾以一足趻卓而行。」漢書河間獻王傳：「卓爾不羣。」說苑君道篇：「踔然獨立。」說文：「穉，特止。」徐鍇曰：「特止，卓立也。」卓、踔、穉竝同聲，皆獨貌也。』

〔五〕楊樹達云：『已字當爲已止之已，已，止也。言人特以有君爲愈乎無君也。論語陽貨篇：「不有博弈者乎！爲之猶賢乎已。」「愈乎已」與「賢乎已」同。』（莊子拾遺。）『而身猶死之。』王氏集解引宣云：『效忠。』案人間世篇：『無適而非君也，無所逃於天地之間。夫事其君者，不擇事而安之，忠之盛也。』

〔六〕成疏：『「其真」，則向之獨化者也。玄道至極，自然之理，欲不從順，其可得乎！』（節引。）案上文郭釋卓爲『獨化』，此文之真，猶上文之卓，並謂道也。成疏之意，蓋亦如此。

〔七〕釋文：『渪，本又作濡。』錢纂箋引王闓運曰：『天運篇引此爲老聃語。』案呴與煦同，說文：『欨，吹也。』文選劉孝標廣絕交論注、御覽五六及四八六、事類賦二九鱗介部二注引此呴皆作煦，呴亦與欨同。抱朴子詰鮑篇：『陸處之魚，相煦以沫也。』即本此文，字亦作煦。道藏各本、趙諫議本、覆宋本渪皆作濡，意林、御覽五六、四八六及九三五、事類賦二九注引咸同。天運篇亦作濡，濡、渪，正、俗字。本篇下文『而色若渪子』，釋文：『渪，本亦作濡。』亦同例。（餘詳校釋。）

〔八〕王先謙云：「二語又見外物篇，下三字作『閉其所譽』。」朱桂曜云：「淮南主術篇：與其譽堯而毀桀也，不如掩聰明而反修其道也。」案其猶於也，『化其道』猶『化於道』也。下文『人相忘乎道術』則無所謂堯、桀之是非矣。

〔九〕褚伯秀云：『大塊本以言地，據此經意，則指造物。』茆泮林云：『文選郭景純江賦注引司馬云：『大塊，自然也。』案淮南子俶真篇高注：『大塊，天地之間也。』於義亦得。宣解：『大塊，地也。』則未達莊子之意矣。

〔一〇〕成疏：『老既無能，暫時閒逸。』王先謙云：『列子天瑞篇：人胥知生之樂，未知生之苦；知老之憊，未知老之逸；知死之惡，未知死之息也。』案成疏佚作逸，古字通用，淮南子俶真篇亦作逸，史記賈誼列傳索隱引息作休，淮南子亦作休，義同。高注引莊子曰：『生乃徭役，死乃休息也。』列子天瑞篇張注、文選班固幽通賦注並引莊子此文，乃並作爲。淮南子精神篇亦云：『或者生乃徭役也，而死乃休息也。』

〔一一〕案淮南子高注：『善我生之樂，乃欲善我死之樂也。明死變化有知，欲勸人同死生也。』案此有同死生之意，但未涉及生死之樂。禮記學記：『相觀而善之謂摩。』孔疏：『善猶解也，觀聽長者之問答，而各得知解，此朋友琢磨之益。』善有知解義，此謂知解吾生者，乃所以知解吾死也。論語先進篇：『季路問死。〔子〕曰：未知生，焉知死！』皇疏引顧歡曰：『夫從生可以善死，雖幽顯路殊，而誠恆一。』蓋知生即可以知死也。又案僞關尹子一守篇：『聖人以可得可行者，所以善吾生；以不可得不可行者，所以善吾死。』本此文而取義有別。

〔一二〕茆泮林云：『文選江文通雜體詩注引司馬云：舟，水物。山，陸居者。藏之壑、澤，非人意所求，謂之固。有力者或能取之。』郭氏集釋引俞樾曰：『山，疑當讀爲汕，爾雅釋器：「罺謂之汕。」詩南有嘉魚篇毛傳曰：「汕，汕樔也。」箋云：「今之撩罟也。」藏舟、藏汕，疑皆以漁者言，恐爲人所竊，故藏之。乃世俗常有之事，故莊子以爲喻耳。』案淮南子俶真篇、劉子惜時篇用此文，『藏山』句並同。但上句言『藏舟』，下句言『藏山』，似覺不倫。俞樾謂此文『山當讀爲汕』，說殊牽強；茅坤評淮南子『山疑作珠』，亦是臆說。古人設譬，多以舟、車對舉，本書天運篇：『夫水行莫如用舟，而陸行莫如用車。』達生篇：『視舟之覆，猶其車卻也。』並其例。記纂淵海五九引此文山正作車，最爲可貴。惟淵海晚出，未知何據。或改山爲車，亦未可知。藏舟，藏小也；藏山，藏大也。下文『藏小大有宜』，即承此言，則山字蓋不誤。（成疏：『藏舟於壑，藏山於澤，此藏大也；藏人於室，藏物於器，此藏小也。』增藏小之說，非也。）郭嵩燾云：『壑可以藏舟，澤之大可藏山。』（郭氏集釋引。）説固可通。『謂之固矣』句，舊鈔本文選江文通雜體詩注引謂上有人字，淮南子亦有人字。

〔一三〕郭注：『夫无力之力，莫大於造化者也。故乃揭天地以趨新，負山嶽以舍故。』成疏：『有力者，造化也。造化之力，擔負而趨。』茆泮林云：『文選江文通雜體詩注引司馬云：舟水物，山陸居者也。藏之於壑、澤，非人意所求，故謂之固。有力者或能取之。』劉師培云：『世說新語（任誕篇）劉注所引「夜半有力者」，力上有大字。據郭注云「夫無力之力，莫大於變化者也」，似所釋之本亦有大字。』案李白長歌行：「大力運天地。」所謂『大力』，似本此。成疏：『造化之力，擔負而趨。』是成本走作趨，或說走爲趨。文選王簡栖頭陀寺碑文注、舊鈔本江文通雜體詩注、後漢書獻帝紀注、書鈔一三七、御覽六七引走皆作趨，淮南子同。走即趨也，説文：『走，趨也。』輔行記一七、後漢書注引昧上並有而字。錢纂箋引奚侗曰：『淮南俶真訓昧作寐。』淮南以寐説昧也。列子天瑞篇：『運轉亡已，天地密移，疇覺之哉！』張注：『此則莊子舟壑之義。』

〔一四〕案『有宜』猶『得宜』，論語述而：『三人行，必有我師焉。』治要引有作得，史記高祖本紀：『吾所以有天下者何？』漢紀三有作得，馮唐列傳：『陛下雖得廉頗、李牧弗能用也。』漢書得作有，皆有、得同義之證。成疏：『遁，變化也。』是成本遯作遁，古字通用。淮南子亦作遁，下同。

〔一五〕案『藏天下於天下』，乃不藏之藏也。不藏之藏，自無所失。『恆物』者，不變之物，喻道也。在物謂之情，在道謂之『大情』。

〔一六〕郭注：『人形方是萬化之一遇耳，未足獨喜也。』（方，本亦作乃。）成疏：『犯，遇也。』茆泮林云：『文選賈長沙鵩鳥賦注引司馬云：當復化而爲無。』宣解云：『犯，淮南子作範，是。』俞樾淮南平議云：『範即犯之叚字，周易繫辭傳「範圍天地之化而不過」，釋文曰：「『範圍』，馬、王肅、張作『犯違』。」是範、犯古字通也。莊子大宗師篇正作「特犯人之形，而猶喜之」。又曰：「今一犯人之形，而曰人耳人耳。」皆其證也。高注曰：「範猶遇也，遭也。」此說得之。郭象注莊子曰：「人形乃是萬化之一遇耳。」是亦以遇釋犯也。』案成疏：『犯，遇也。』本郭注。德充符篇：『既犯患若是矣。』達生篇：『而犯患與人異。』山木篇：『吾犯此數患。』犯皆猶遇也，遭也。

〔一七〕案淮南子『萬化』上有『千變』二字。田子方篇：『且萬化而未始有極也。』淮南子精神篇作『千變萬抮而未始有極』，亦有『千變』二字。賈誼鵩鳥賦：『千變萬化兮，未始有極。』列子周穆王篇：『千變萬化不可窮極。』並以『千變萬化』連文。

〔一八〕郭注：『本非人而化爲人，化爲人，失於故矣。失故而喜，喜所遇也。』案淮南子其上有『弊而復新』四字，文意較完。郭注『失於故』，所謂弊也。故對新而言，所遇即新也。疑郭本原有『弊而復新』四字。

〔一九〕郭注：『聖人遊於變化之途，放於日新之流，何時而非存！』（節引。）案何時非存，生存死亦存也。

〔二〇〕郭注：『不善少而否老，未能體變化、齊死生也。』釋文本夭作妖，云：『崔本作狖，同。本又作夭。』王念孫云：『夭與妖同，周本紀：「後宮童妾所弃妖子。」徐廣曰：「妖，一作夭。」』（史記天官書雜志。）奚侗云：『闕誤云：「張（君房）本妖作少。」是也。郭注：「不善少而否老，未能體變化、齊死生也。」是郭本妖亦作少。』錢纂箋引馬其昶曰：『詩傳：夭，少也。』案郭氏集釋、王氏集解並從釋文本作妖，妖乃媄之俗省，媄與夭通，詩周南桃夭：『桃之夭夭。』説文引作『媄媄』，即其證。崔本作狖，義亦相同，淮南子俶真篇：『狖狗之死也，割之猶濡。』高注：「狖，少也。』郭注「不善少而否老」，疑以少釋夭，恐非所見本作少，張本夭作少（非妖作少），蓋據郭注改之也。馬氏所引詩傳，乃檜風隰有萇楚傳。

〔二一〕錢穆云：『萬物所係，一化所待，指下道字。』案一猶凡也，猶今語『一切』也。○以上第二章。遊於生死變化之途。

夫道，有情有信，无爲无形〔一〕；可傳而不可受〔二〕，可得而不可見〔三〕；自本自根，未有天地，自古以固存〔四〕；神鬼神帝，生天生地〔五〕；在太極之先而不爲高，在六極之下而不爲深，先天地生而不爲久，長於上古而不爲老〔六〕。狶韋氏得之，以挈天地〔七〕；伏戲氏得之，以襲氣母〔八〕；維斗得之，終古不忒；日月得之，終古不息〔九〕；堪坏得之，以襲崐崘〔一〇〕；馮夷得之，以遊大川〔一一〕；肩吾得之，以處大山〔一二〕；黃帝得之，以登雲天〔一三〕；顓頊得之，以處玄宮〔一四〕；禺強得之，立乎北極〔一五〕；西王母得之，坐乎少廣，莫知其始，莫知其終〔一六〕；彭祖得之，上及有虞，下及五伯〔一七〕；傅說得之，以相武丁，奄有天下，乘東維，騎箕尾，而比於列星〔一八〕。

〔一〕奚侗云：『情借爲精，老子：「窈兮冥兮，其中有精，其精甚真，其中有信。」本文即襲老子之義。呂覽察賢篇：「弊生事精。」說苑政理篇作「弊性事情」。是爲精、情通用之證。』錢纂箋引曹受坤曰：『此又見齊物論，不煩改字。』案此文與老子云云有關，但老子言精，莊子言情，取義蓋有別，情不必借爲精。（假借並非改字，曹說微失。）精者氣之微，（管子內業篇：精也者，氣之精者也。）情猶實也。齊物論篇：『若有真宰，而特不得其眹。可行已信，而不見其形。有情而無形。』真宰謂道，情亦猶實也。彼文有說。鶡冠子夜行篇：『窅乎冥乎，中有精乎！致信究情，復反無貌。』精、情分言，蓋采取老、莊義。老子三十七章：『道常無爲而無不爲。』管子心術篇：『虛無無形謂之道。』僞關尹子三極篇『道無爲』，又曰『道無形』。本莊子。

〔二〕馬氏故引王應麟曰：『屈子言：「道可受兮不可傳。」莊子所謂傳，傳以心也。屈子所謂受，受以心也。耳受而口傳之，離道遠矣。』案王說見困學紀聞一〇，『傳以心』『受以心』之說，本楚辭遠遊洪興祖補注。

〔三〕成疏：『方寸獨悟，可得也。離於形色，不可見也。』案知北遊篇：『道不可見，見而非也。』

〔四〕成疏：『老經云：有物混成，先天地生。』案知北遊篇：『扁然而萬物自古以固存。』

〔五〕錢纂箋引王先謙曰：『下文堪坏、馮夷等，鬼也。豨韋、伏羲等，帝也。其神，皆道神之。』章太炎云：『神與生義同，說文：「神，天神引出萬物者也。」神鬼者引出鬼，神帝者引出帝。說文：「出，進也。象艸木益滋上出達也。生，進也。象艸木生出土上。」是出與生同義。』案管子四時篇：『道生天地。』（王謂：『其神，皆道神之。』本宣解。）

〔六〕成疏：『太極，五氣也。六極，六合也。且道在五氣之上不爲高，遠在六合之下不爲深。』俞樾云：『「在太極之先而不爲高。」下云：「在六極之下而不爲深。」則此當云「在太極之上」，方與高義相應。周易繫辭傳曰：「易有太極。」釋文曰：「太極，天也。」然則莊子原文疑本作「在太極之上」，猶云「在天之上」也。後來說周易者，皆以太極謂天地未分之前，於是疑太極當以先後言，不當以上下言，乃改「太極之上」爲「太極之先」，而於義不可通矣。淮南子覽冥篇曰：「引類於太極之上。」』案成疏：『道在五氣之上不爲高。』蓋所見本先作上，可證成俞說。惟釋太極爲五氣，（史記五帝本紀：『軒轅治五氣。』集解：『王肅曰：五行之氣。』）則恐未安。淮南子覽冥篇高注：『太極，天地始形之時也。』俞氏平議亦釋『太極之上』爲『天之上』。成疏釋『六極』爲『六合』，大方廣佛華嚴經隨疏演義鈔一四引正文作『六合』，取其義也。

〔七〕成疏：『豨韋氏得靈通之道，故能驅馭羣品，提挈二儀。又有作契字者，契，合也。言能混同萬物，符合二儀者也。』釋文：『豨韋氏，司馬云：上古帝王名。』朱駿聲云：『挈段借爲契。』案李白大獵賦：『粤若皇唐之契天地而襲氣母兮。』本莊子，契，一作挈，亦當以契爲正。淮南子俶真篇：『提挈天地。』本此。

〔八〕釋文：『伏戲，音羲，崔本作伏戲氏。襲氣母，司馬云：襲，入也。氣母，元氣之母也。』案道藏王元澤新傳本戲作羲，成疏本、覆宋本並作『伏犧氏得之』。（戲、羲古通，羲、犧古、今字，人間世篇已有説。）有氏字，與崔本合，且與上文『豨韋氏得之』相耦。

〔九〕釋文：『維斗，李云：「北斗，所以爲天下綱維。」終古，崔云：「終古，久也。」鄭玄注周禮云：「終古，猶言常也。」忒，差也。崔本作代。』朱桂曜云：『韓非子解老：「維斗得以成其威，日月得以恆其光。」恆猶常也。』案忒，崔本作代，忒、代音義同。説文：『忒，更也。』段注：『人部：「代，更也，弋聲。」忒與代音義同。』鶡冠子能天篇：『其得道以生至今不亡者，日月星辰是也。』

〔一〇〕釋文：『堪坏，崔作邳。司馬云：「堪坏，神名，人面獸形。」淮南作欽負。』案淮南子齊俗篇：『鉗且得道，以處崑崙。』王氏雜志引莊氏伯鴻曰：『莊子大宗師篇「堪坏得之，以襲崑崙」，釋文云：「淮南作欽負。」是唐本鉗且作欽負也，字形近故誤耳。程文學據山海經云：「是與欽鴀殺祖江於崑崙之陽。」（西山經。）「後漢書注引作欽駓。」（張衡傳。）皆古字通用。』錢別駕云：『古丕與負通，故尚書『丕子之責』，史記作『負子』。丕與負通，因之從丕之字亦與負通也。堪、欽亦同聲。」』王氏並云：『程、錢、莊說皆是。』然則此文崔本坏作邳，亦與負通。淮南子覽冥篇『若夫鉗且、大丙之御也』，作鉗且。與齊俗篇同。竊疑鉗且乃鉗負之壞字，鉗、欽亦同聲通用。鉗與欽右旁形不近，鉗恐非欽之誤如莊說也。

〔一一〕釋文：『馮夷，司馬云：「清泠傳曰：馮夷，華陰潼鄉堤首人也。服八石，得水仙，是爲河伯。一云以八月庚子浴於河而溺死。一云渡河溺死。」大川，河也。』馬其昶云：『抱朴子云：馮夷以八月上庚日渡河溺死，天帝署爲河伯。』案文選張平子西京賦注引遊作潛，淮南子齊俗篇亦作潛。司馬注引清泠傳，文選張平子思玄賦舊注引作青令傳，同；又引淮南子注：「馮夷，河伯也。華陰潼鄉隄首人，服八石，而水仙。」（今本齊俗篇許注而作得。）與清泠傳合。後漢書張衡傳注引聖賢冢墓記云：『馮夷者，弘農華陰潼鄉隄首里人，服八石，得水仙，爲河伯。』（又略見博物志一。）與清泠傳尤合。（參看容齊四筆五。）馬氏引抱朴子云云，見釋鬼篇。

〔一二〕釋文：「肩吾，司馬云：『山神，不死，至孔子時。』大山，音泰。」錢纂箋引王闓運曰：『肩吾與孫叔敖同時。』案山海經西山經：『西南四百里曰昆侖之丘，是實惟帝之下都，神陸吾司之。其神狀，虎身而九尾，人面而虎爪。』郭注：『即肩吾也。莊周曰：肩吾得之，以處大山也。』逍遥遊篇：『肩吾問於連叔曰：吾聞言於接輿。』釋文：『肩吾，司馬云：神名。』與此文注『山神』合。又成疏：『接輿，與孔子同時。』肩吾與接輿同時，（應帝王篇：『肩吾見狂接輿』，亦可證。）自與孔子亦同時如司馬說矣。田子方篇：『肩吾問於孫叔敖。』故王氏又謂『肩吾與孫叔敖同時』也。惟據山海經所述肩吾之神狀，恐非與孫叔敖或孔子同時之肩吾也。記纂淵海八六引大山作泰山，宣解本同，蓋據釋文改之也。

〔一三〕成疏：『黃帝採首山之銅，鑄鼎於荆山之下，鼎成，有龍垂於鼎以迎帝，帝遂將羣臣及後宮七十二人，白日乘云駕龍，以登上天，仙化而去。』錢穆云：『事詳史記封禪書，乃晚周神仙家言。』案成疏云云，即本封禪書。封禪書所載黃帝鼎湖上升事，蓋較晚出。莊子黃帝得道登天之説，戰國中期當已流傳，此岷所謂本篇雜有神仙思想者也。

〔一四〕釋文：『李云：「顓頊，帝高陽氏。玄宮，北方宮也。月令曰：其帝顓頊，其神玄冥。」』案吕氏春秋仲冬紀亦云：『其帝顓頊，其神玄冥。』

〔一五〕釋文：「禺強，音虞。司馬云：「山海經曰：北海渚有神，人面鳥身，珥兩青蛇，踐兩赤蛇，名禺強。」簡文云：「北海神也，一名禺京，是黃帝之孫也。」』案禺強，亦作隅強，淮南子墬形篇：『隅強，不周風之所生也。』高注：『隅強，天神也。』隅諧禺聲，故與禺通。簡文稱『一名禺京』，京、強亦通用，猶䲔之作鯨也。（左宣十二年傳：『取其鯨鯢而封之。』説文引鯨作䲔，云：『鯨，䲔或从京。』）山海經海外北經郭注引此文強作彊，乎作于，強、彊古通，其例習見。乎猶于也。

〔一六〕釋文：『西王母，山海經云：「狀如人，狗尾，蓬頭戴勝，善嘯，居海水之涯。」少廣，司馬云：「穴名。」崔云：「山名。」或云：「西方空界之名。」』案山海經西山經：『西王母，其狀如人，豹尾虎齒，而善嘯，蓬髮戴勝。』即釋文所本。郭注：『穆天子傳曰：「吉日甲子，賓於西王母。乙丑，天子觴西王母於瑤池之上。」竹書：「穆王五十七年，西王母來見，賓於昭宮。」』大荒西經：『崑崙之丘，有人，戴勝虎齒，有豹尾，穴處，名曰西王母。』郭注：『河圖玉版亦曰：西王母居崑崙之山。』又呂氏春秋圜道篇亦云：『莫知其始，莫知其終。』

〔一七〕成疏：『上至有虞，下及殷、周，凡八百年也。』釋文：『彭祖，解見逍遥篇。崔云：「壽七百歲。或以爲仙，不死。」五伯，如字。又音霸。崔、李云：「夏伯昇吾，殷大彭、豕韋，周齊桓、晉文。」』案彭祖壽蓋八百歲，逍遥遊篇有說。

〔一八〕釋文：『司馬云：「傅說，殷相也。武丁，殷王高宗也。東維，箕斗之間，天漢津之東維也。星經曰：「傅說一星在尾上。」言其乘東維，騎箕尾之間也。崔云：「傅說死，其精神乘東維，託龍尾，乃列宿。今尾上有傅說星。」崔本此下更有「其生無父母，死登假，三年而形遯，此言神之无能名者也」凡二十二字。』案說文：『奄，覆也。』『奄有』猶『覆有』。荀子富國篇楊注引『列星』作『列宿』。楚辭遠遊：『奇傅說之託辰星兮。』洪興祖補注引莊子此文，並云：『音義云：「傅說死，其精神乘東維，託龍尾，今尾上有傅說星。其生無父母，登假，三年而形遯。」淮南云：「傅說之所以騎辰尾」是也。』所稱音義，即崔注，而以崔本之正文『其生無父母，登假，三年而形遯』十二字，（『登假』上疑脱死字。）誤併入注文。引淮南云云，見覽冥篇。文選郭景純江賦注引莊子曰：『其死登遐，三年而形遐。』（又見事文類聚前集四九，遐作假，與釋文所引合，古字通用，德充符篇有說。）據崔本此文引之也。○以上第三章。道與得道。

南伯子葵問乎女偊曰：『子之年長矣，而色若孺子，何也〔一〕？』曰：『吾聞道矣〔二〕。』南伯子葵曰：『道可得學邪？』曰：『惡！惡可！子非其人也〔三〕。夫卜梁倚有聖人之才而无聖人之道，我有聖人之道，而无聖人之才〔四〕，吾欲以教之〔五〕，庶幾其果爲聖人乎！不然，以聖人之道告聖人之才，亦易矣。吾猶守而告之〔六〕，參日而後能外天下〔七〕；已外天下矣，吾又守之，七日而後能外物〔八〕；已外物矣，吾又守之，九日而後能外生〔九〕；已外生矣，而後能朝徹〔一〇〕；朝徹，而後能見獨〔一一〕；見獨，而後能无古今〔一二〕；无古今，而後能入於不死不生〔一三〕。殺生者不死，生生者不生〔一四〕。其爲物，无不將也，无不迎也〔一五〕；无不毁也，无不成也〔一六〕。其名爲攖寧。攖寧也者，攖而後成者也〔一七〕。』

〔一〕成疏：『葵當爲綦，字之誤，猶人間世篇中南郭子綦也。女偊，古之懷道人也。』釋文：『南伯子葵，李云：「葵當爲綦，聲之誤也。」女偊，徐音禹，李音矩。一云，是婦人也。孺子，本亦作孺。』案文選范蔚宗樂遊應詔詩注引此葵作綦。人間世篇、徐无鬼篇並作南伯子綦。成疏稱人間世篇作南郭子綦，齊物論篇乃作南郭子綦也。惟伯、郭聲近相通，人間世篇有説。道藏各本、覆宋本孺皆作孺，孺、孺正、俗字。

〔二〕案知北遊篇：『道不可聞，聞而非也。』（成疏：道无聲，不可以耳聞，耳聞非道也。）此言『聞道』，何也？蓋道不可以耳聞，耳止於聽而已。當聽之以心，進而聽之以氣，人間世篇『无聽之以耳，而聽之以心；无聽之以心，而聽之以氣。氣也者，虚而待物者也。唯道集虚。』是也。

〔三〕案若據齊物論、人間世及徐无鬼諸篇所述，南伯子綦已是懷道之人矣。

〔四〕釋文：『卜梁倚，李云：卜梁姓，倚名。』案初學記一七引倚下有者字。虚淡爲道，明敏爲才，道本内通，才由外露。（略本成疏。）

〔五〕案以，語助。

〔六〕案守謂不離，道也者不可須臾離也。（禮記中庸。）

〔七〕郭注：『外猶遺也。』成疏：『外，遺忘也。天下疏遠，所以易忘。』

〔八〕郭注：物者朝夕所須，切己難忘。

〔九〕宣解：『三、七、九，是内修家語，偶用之。』案此以三、七、九諸日論入道次第，達生篇載梓慶『齊三日，而不敢懷慶賞爵禄；齊五日，不敢懷非譽巧拙；齊七日，輒然忘吾有四枝形體也。』彼言三、五、七諸日，亦此類也。然不必爲内修家語，數目字連用，習見於古書，淮南子道應篇：『昔堯之佐九人，舜之佐七人，武王之佐五人，亦其例也。』

〔一〇〕郭注：『所遇而安，豁然无滯，見機而作，斯朝徹也。』釋文：『郭、司馬云：「朝，旦也。徹，達妙之道。」李云：「夫能洞照，不崇朝而遠徹也。」』俞樾云：『爾雅釋詁：「朝，早也。」「朝徹」猶「早達」也。郭注曰「豁然无滯，見機而作，斯朝徹也。」正得其義。釋文引李云「不崇朝而遠徹」，則當爲「不朝徹」矣。』奚侗云：『説文：「朝，旦也，旦，明也。」「朝徹」謂「明徹」也。』案李注『不崇朝而遠徹』，亦是『早達』之意，俞説泥矣。惟由三日至九日進修，已非早達，『朝徹』猶『明達也』，奚説較勝。

〔一一〕成疏：「絶待絶對，覩斯勝境，謂之見獨。」宣解：『獨即一也。』

〔一二〕宣解：『古今一也。』案知北遊篇：『古猶今也。无古无今。』呂氏春秋察今篇：『察今則可以知古，古今一也。』

〔一三〕宣解：『生死一也。』案天地篇：『死生同狀。』寓言篇載顏成子游入道次第：由一年至九年。八年時，『不知死，不知生』。

〔一四〕案陳碧虛闕誤引江南古藏本殺上有故字。殺生者，生生者，道也。道生、殺萬物，而道不死、不生。（上文言真人『淒然似秋，煖然似春』，如秋氣之殺，春氣之生，是體道者也。）列子天瑞篇：『生物者不生，化物者不化。』張注：『莊子亦有此言。』今本莊子無此言，惟與大宗師篇此二語義近。

〔一五〕成疏：『將，途也。』案爲猶於也。應帝王篇：『至人之用心若鏡，不將不迎。』唯其不將、不迎，所以無不將、無不迎。知北遊篇：『聖人處物不傷物，不傷物者，物亦不能傷也。唯无所傷者，爲能與人相將迎。』

〔一六〕案齊物論篇：「凡物无成與毁，復通爲一。唯達者知通爲一。」唯其通成、毁爲一，所以無不毁、無不成。

〔一七〕郭注：『夫與物冥者，物縈亦縈，，而未始不寧也。』成疏：『攖，擾動也。寧，寂靜也。』釋文：『攖，郭音縈。崔云：有所繫著也。』馬氏故引陸長庚曰：『攖寧，言世棼擾擾之中而成大定。』案崔注『有所繫著』，蓋亦讀攖爲縈，與郭音同。成釋攖爲『擾動』，即陸説所本，義較勝。庚桑楚篇：『不以人物利害相攖。』釋文：『攖，廣雅云：亂也。』成疏：『攖，擾亂也。』與此攖字同義。寧借爲寍，説文：『寍，安也。』爾雅釋詁：『安，定也。』國語吳語：『吳、晉爭長未成。』韋注：『成，定也。』『攖寧』即『攖成』，『攖而後成』，猶言『擾而後定』耳。陸氏謂『擾擾之中而成大定』，不知成自有定義也。

南伯子葵曰：『子獨惡乎聞之〔一〕？』曰：『聞之副墨之子，副墨之子聞諸洛誦之孫〔二〕，洛誦之孫聞之瞻明，瞻明聞之聶許〔三〕，聶許聞之需役，需役聞之於謳〔四〕，於謳聞之玄冥，玄冥聞之參寥〔五〕，參寥聞之疑始〔六〕。』

〔一〕案獨猶乃也。秋水篇：『今子之使萬足獨奈何？』獨亦與乃同義。

〔二〕成疏：『臨本謂之副墨，背文謂之洛誦。』陳碧虛云：『副墨，教典也。洛誦，習誦也。』

〔三〕成疏：『聶，附耳私語也。』陳碧虛云：『見理曰瞻明，耳告曰聶許。』錢纂箋引馬其昶曰：『説文：「聶，附耳私小語。」廣雅：「許，聽也。」』案説文：『許，聽也。』廣雅本之。

〔四〕於音烏。王云：「謳，謌謠也。」陳碧虛云：『需役有待用，於謳則詠歌。』

〔五〕成疏：『玄者，深遠之名。冥者，幽寂之稱。』釋文：『參寥，李云：參，高也。高邈寥曠不可名也。』陳碧虛云：『玄冥謂幽漠，參寥謂造極。』朱駿聲云：『參叚借爲槮。』案說文：『槮，木長皃。』長與高義相因。寥，正作廫，說文：『廫，空虛也。』廫、寥，正、俗字。下文『乃入於寥天一』，釋文：『寥，本亦作廖。』廖亦廫之俗省。

〔六〕案疑始者，似始非始也。如言始，則落迹象矣。◎以上第四章。傳道與學道。

子祀、子輿、子犁、子來四人相與語曰〔一〕：『孰能以无爲首，以生爲脊，以死爲尻，孰知死生存亡之一體者，吾與之友矣〔二〕。』四人相視而笑，莫逆於心，遂相與爲友。』俄而子輿有病，子祀往問之。曰：『偉哉！夫造物者，將以予爲此拘拘也〔三〕？』曲僂發背，上有五管，頤隱於齊〔四〕，肩高於頂，句贅指天〔五〕，陰陽之氣有沴〔六〕，其心閒而无事。跰䠱而鑑於井〔七〕，曰：『嗟乎！夫造物者又將以予爲此拘拘也〔八〕！』子祀曰：『女惡之乎？』曰：『亡〔九〕，予何惡！浸假而化予之左臂以爲雞，予因以求時夜〔一〇〕；浸假而化予之右臂以爲彈，予因以求鴞炙；浸假而化予之尻以爲輪，以神爲馬，予因以乘之〔一一〕，豈更駕哉！且夫得者，時也；失者，順也；安時而處順，哀樂不能入也。此古之所謂縣解也〔一二〕，而不能自解者，物有結之〔一三〕。且夫物不勝天久矣，吾又何惡焉！』

〔一〕釋文：『子祀，崔云：「淮南子作子永，行年五十四，而病傴僂。」子輿，本又作與，音餘。』郭慶藩云：『崔本作子永，是也。今本淮南精神篇作子求，與崔所見本異。』顧千里曰：「求當作永，抱朴子博喻篇曰：『子永歎天倫之偉。』字正作永。永、求形近，經傳中互誤者不可枚舉。」』案崔謂子祀淮南子作子永，非，子祀崔本作子永，郭説誤。惟淮南子之作子永，與莊子作子祀無涉，乃與莊子作子來有關耳。今本淮南精神篇作子永，顧氏以爲子永之誤。而俞樾淮南平議則據莊子以爲子來之誤，下文俞氏平議亦有説：永、求形固近，求隸書作来，來隸書作来，其形尤近。莊子此文及下文並作子來，余從俞説。子輿，本又作子與，御覽四〇九引輿正作與，古字通用，逍遥遊篇『吾聞言於接輿』，釋文：『輿，本又作與。』與此同例。文選賈誼鵩鳥賦注、初學記一八、御覽七三八引子犁皆作子黎，御覽四〇九引作子梨，犁、黎、梨，並同音通用。

〔二〕成疏：『誰能知是，我與爲友也。』裴學海云：『上之字訓爲。』（古書虛字集釋九。）案初學記一八、御覽四〇九引孰下並有能字，成疏『誰能知是』，所見本似亦有能字。庚桑楚篇云：『以无有爲首，以生爲體，以死爲尻。孰知有无死生之一守者，吾與之爲友。』上之字裴氏亦訓爲。

〔三〕成疏：『子輿達理，自歎此辭也。』釋文：『偉哉，向云：「美也。」崔云：「自此至『鑑於井』，皆子祀自説病狀也。」拘拘，司馬云：「體拘攣也。」王云：「不申也。」』俞樾云：『此當作「子來有病」。下文曰「俄而子來有病」，當作「子輿有病」。何以明之？淮南子精神篇曰：「子求行年五十有四，而病傴僂。脊管高於頂，腸下迫頤，兩脾在上，燭營指天。匍匐而闚於井，曰：偉哉！造化者其以我爲此拘拘邪？」即本莊子此文，而作子求，求者來字之誤。尚書呂刑篇：「惟貨惟來。」馬融本來作求，是其例也。釋文引崔譔云：「淮南作：子永行年五十四，而病傴僂。」抱朴子博譽篇亦云：「子永歎天倫之偉。」永亦求字之誤也。若是子輿，則與求與永絕不相似，無緣致誤。故知此文作子來，與下文傳寫互易矣。』案淮南子之子求或子永，當從莊子作子來，俞說是。惟莊子此文『子輿有病』，與下文『子來有病』，子輿與子來不必互易以牽就淮南子，因下文尚有子來答子犁問病之辭，如俞說又須易子來爲子輿也。說文：『偉，奇也。』（此文向訓偉爲美，本淮南子高注。）拘借爲痀，說文：『痀，曲脊也。』『拘拘』即淮南子所謂『傴僂』，亦即達生篇仲尼『見痀僂者』之『痀僂』。車柱環云：『成疏：「子輿達理，自歎此辭也。」成以「偉哉」云云，爲子輿語。然下文有「子輿跰䠊而鑑於井，曰：夫造物者，又將以予爲此拘拘也」，則此「偉哉」云云，疑子祀之言，予疑子字之誤。』此當是子祀問子輿病況之辭，車說極是。下文『子來有病，子犁往問之』，亦有問之之辭，與此同例。子誤爲予，成疏乃以爲子輿自歎之辭，則與下文複。崔注以爲『子祀自說病況』，亦由不知予爲子之誤耳。子祀之辭止此。

〔四〕成疏：『藏腑並在上，頭低則頤隱於臍。』案五管，五臟之腧穴。臍、齊，正、假字，人間世篇有說。

〔五〕釋文：『句，古侯反。李云：句贅，項椎也。其形似贅。』奚侗云：『釋文引李云：「句贅，項椎也。」

非是。淮南精神訓作「燭營指天」。高注：「燭營讀曰括撮。」更以人間世篇證之，則此文亦當作「括撮指天，」但不知何緣誤爲「句贅」耳。』案人間世篇『句贅』作『會撮』，釋文引崔注：『會撮，項椎也。』與崔注此文同。彼文司馬注：『會撮，髻也。』『句贅』與『會撮』『括撮』並同，有『項椎』及髻兩義。『句贅』非誤，參看人間世篇。

〔六〕釋文：『沴音麗。郭奴結反，云：「陵亂也。」李同。崔本作涭，云：「滿也。」』朱駿聲云：『漢書五行志：「氣相傷謂之沴。沴，猶臨莅不和意也。」說文引五行傳曰：「若其沴作。」按拂戾之氣也。』吳承仕釋文舊音辨證云：『漢書五行志：「唯金沴木。」如淳曰：「沴，音拂戾之戾，義亦同。」郭音奴結反，疑與崔本作涭者略同。涭，說文正作濔，爾、尔同字，濔音奴結，與沵音奴結同比。又傳寫舊籍者，㐱、尔形多相亂。郭音「奴結反」者，或所見本作沵，不作沴。』案釋文『沴音麗』，則與戾音同。郭音奴結反，與崔本作涭略同，吳說是。（惟吳氏誤涭爲涭，從郭氏集釋本也。）或郭所見本作沵，吳說亦是。惟就郭音而言，其字作沵；就郭釋『陵亂』而言，則其字當作沴。濔俗書作沵，沴俗書作㳒，幾希之差耳。蓋由沵誤爲㳒，復其正體則爲濔，崔本則更作涭，而從說文釋爲滿，不知施之於此，義極牽強也。錢纂箋引王闓運曰：『有，又也。』

〔七〕釋文：『崔以「其心」屬上句。「跰𨇤」，崔本作「邊鮮」。司馬云：「病不能行，故跰𨇤也。」』王念孫云：『廣雅：「跰𨇤，盤姍也。」見衆經音義卷十一，此疊韻之相近者也。侈言之則曰「盤姍」，約言之則曰

「蹁躚」，皆行不正之貌也。説文：「蹁，足不正也。」廣韻：「蹣跚，跛行皃。」「蹣跚」與「盤姍」同。莊子大宗師篇「跰𨇤」，崔本作「邊鮮」，並與「蹁躚」同。』（廣雅釋訓疏證。）案吴氏點勘從崔本『其心』屬上絶句。衆經音義所舉經文作『蹁躚』，引廣雅作『蹁躚』。又云『經文作『𨇤跣』。皆同。又自上文『曲僂發背』，至此『跰𨇤而鑑於井』，並莊子所述之辭，崔注以爲『皆子祀自説病狀』。未審。

〔八〕案又猶乃也。淮南子又作其，其亦與乃同義。

〔九〕成疏：『亡，無也。』王引之云：『亡，否也。至樂篇：「支離叔曰：『子惡之乎？』滑介叔曰：『亡，予何惡！』」達生篇曰：「請問蹈水有道乎？」曰：「亡，吾無道。」亡與無同，言否也。』（經傳釋詞一〇。）

〔一〇〕郭注：『浸，漸也。』釋文：『向云：「漸也。」「予因以求時夜。」一本无求字。』案御覽三六九引浸作侵，下同，侵、浸，正、假字，説文：『侵，漸進也。』侵乃侵之隸變，浸又濅之隸變也。俞樾云：『釋文云：「一本無求字。」當從之。下文：「浸假而化予之右臂以爲彈，予因以求鴞炙。」蓋以彈求鴞，乃可爲炙，故曰「因以求鴞炙」。若鷄則自能時夜，既化予之左臂以爲鷄，則因以時夜可矣，又何求焉！求字即涉下句而衍。』王先謙云：『〔時夜，〕司夜也。雞疑是卵字之誤，時夜即雞也，既化爲雞，何又云因以求雞！惟雞出於卵，鴞出於彈，故「因卵以求時夜，因彈以求鴞炙」耳。齊物論云：「見卵而求時夜，見彈而求鴞炙。」與此文大同，亦其明證。』案如從一本無求字，則俞説是；如原有求字，則雞當作卵，王説是。淮南子説山篇：『見彈而求鴞炙，見卵而求晨夜。』（晨當作辰，『辰夜』即『時夜』，俞氏平議有説。）雞亦作卵，可爲王説之證。

〔一一〕案『予因而乘之』，覆宋本而作以，（郭氏集解本、王氏集釋本並從之。）義同。

〔一二〕成疏：『得者，生也；失者，死也。』釋文：『向云：縣解，无所係也。』王先謙云：『養生主篇：「適來，夫子時也；適去，夫子順也。安時而處順，哀樂不能入也。古者謂是帝之縣解。」與此文證合。』案向氏於養生主篇『縣解』無注，而於此文有注，或向氏所見莊子大宗師篇在養生主篇之前邪？

〔一三〕案而猶如也，有猶又也。

俄而子來有病，喘喘然將死，其妻子環而泣之〔一〕。犁往問之〔二〕，曰：『叱！避！无怛化〔三〕！』倚其戶與之語曰：『偉哉造化！又將奚以汝爲？將以汝適？以汝爲鼠肝乎？以汝爲蟲臂乎〔四〕？』子來曰：『父母於子〔五〕，東西南北，唯命之從。陰陽於人，不翅於父母〔六〕。彼近吾死，而我不聽〔七〕，我則悍矣〔八〕，彼何罪焉〔九〕！夫大塊載我以形，勞我以生，佚我以老，息我以死。故善吾生者，乃所以善吾死也〔一〇〕。今大冶鑄金，金踴躍〔一一〕曰「我且必爲鏌鋣〔一二〕」，大冶必以爲不祥之金〔一三〕。今一犯人之形，而曰「人耳人耳」，夫造物者必以爲不祥之人。今一以天地爲大鑪，以造化爲大冶〔一四〕，惡乎往而不可哉！』成然寐〔一五〕，蘧然覺〔一六〕。

〔一〕成疏：『喘喘，氣息急也。』釋文：『喘喘，崔本作惴惴。環，李云，繞也。』案說文：『喘，疾息也。』喘、惴，正、假字。列子力命篇載季梁病，稱『其子環而泣之』。

〔二〕案御覽七三八引作『子黎往問之』。（犁、黎古通，詳前。）記纂淵海一引犁上亦有子字。道藏褚伯秀義海纂微本、覆宋本並作子犁。

〔三〕成疏：「叱，訶聲也。』釋文：『怛，崔本作靼，音怛。案怛，驚也。鄭衆注周禮考工記「不能驚怛」是也。』案說文：『叱，訶也。訶，大言而怒也。』崔本怛作靼，朱駿聲云：『靼，叚借爲怛。』廣雅釋詁一：『怛、憚，驚也。』釋文引考工記鄭注『驚怛』字，洪頤煊云：『今本鄭注作憚字。』

〔四〕釋文：『王云：取微蔑至賤。』案賈誼鵩鳥賦：『化爲異物。』

〔五〕宣解云：『倒裝句法，言「子於父母」也。』案此非倒裝句法，於猶與也。下文『陰陽於人』，於亦猶與也。

〔六〕成疏：『況陰陽造化，何啻二親乎？』王引之云：『翅與啻同。』案成所見本翅蓋作啻，或說翅爲啻。啻、翅，正、假字，『不啻』猶『不但』也。『於父母』，意林、御覽七三八引於並作爲，於、爲並與如同義。庚桑楚篇：『寇莫大於陰陽，无所逃於天地之間。』

〔七〕成疏：『彼，造化也。』馬氏故引宣穎曰：『近，迫也。』案而猶如也。

〔八〕釋文：『悍，本亦作捍。説文云：捍，抵也。』案道藏成疏本、林希逸口義本、褚伯秀義海纂微本、陳碧虚音義本、趙諫議本、覆宋本悍皆作捍，古字通用。韓非子十過篇：『剛愎而上悍。』道藏本悍作捍，史記楚世家『考烈王卒，子幽王悍立』，春申君列傳索隱悍作捍，並其比。説文無捍字，有扞字，云：『扞，忮也。』段注：『忮當爲枝，枝持字古通用枝。扞，字亦作捍，祭法：「能禦大災、能捍大患則祀之。」魯語作扞。』捍乃扞之别體。

〔九〕郭注：『彼謂死耳。在生故以死爲彼。』案此彼與上文『彼近吾死』之彼同，謂造化也。郭注非。

〔一〇〕成疏：此重引前文，證成彼義。

〔一一〕案覆宋本今下有之字，郭氏集釋本、王氏集解本並從之。淮南子俶真篇：『金踴躍於鑪中。』

〔一二〕成疏：『鏌鋣，古之良劒名也。』案『且必』，複語，且亦必也。鋣，正作釾，廣雅釋器：『鏌鋣，劒也。』

〔一三〕王先謙云：『大冶，鑄金匠。』案記纂淵海一兩引大上皆有夫字，下文『夫造化者必以爲不祥之人』與此對言，亦有夫字。夫猶彼也。御覽八一〇引金作物。

〔一四〕案一，語助。鵩鳥賦：『天地爲鑪兮，造化爲工。』本此。論衡物勢、自然二篇並云：『天地爲鑪，造化爲工。』蓋直本鵩鳥賦。

〔一五〕釋文：『李云：「成然，縣解之貌。」本或作戌，音恤。簡文云：「當作滅。」本又作眓，呼括反，視高貌。本亦作「俄然」。』奚侗云：『釋文：「成，本或作戌。」是也。說文：「戌，威也。威，滅也。从火、戌，火死於戌，陽氣至戌而盡。」此言寐時之狀，有若火之息滅也。故曰「戌然」。戌、成以形近而譌。簡文云「成當作滅」，蓋已得其義矣。』案成，當從或本作戌（原誤戌），奚說是。李注『縣解之貌』。『成然』無『縣解』義，疑所見本本作『戌然』，『縣解』與滅義近。成，本又作眓（原誤眓），云：『視高貌。』說文同。『視高』與寐義不相應，眓，當與越通，呂氏春秋士容篇：『而處義不越』，高注：『越，失也。』失與滅義符。越諧戉聲，朱駿聲說文通訓定聲引此文作『戉然寐』，云：『字誤作成。』戉乃越之借字。本亦作『俄然』，於義無取，蓋據齊物論『俄然覺』妄改之也。

〔一六〕成疏：『蘧然，是驚喜之貌。』釋文：『「蘧然覺」，「蘧然」，有形之貌。崔本此下更有「發然汗出」一句，云：无係，則津夜通也。』案齊物論篇：『蘧蘧然周也。』即『蘧然覺』之意。彼文釋文：『蘧蘧，李云：有形貌。』即此釋文『有形之貌』所本。蘧當借爲界，說文：『界，舉目驚界然也。』彼文有說。成疏於彼文云：『蘧蘧，驚動之貌。』是也。於此文疏云：『蘧然，是驚喜之貌。』不必言喜。○以上第五章。生死爲一化。

子桑戶、孟子反、子琴張三人相與友〔一〕，曰：『孰能相與於无相與，相爲於无相爲？孰能登天遊霧，撓挑无極〔二〕；相忘以生，无所終窮？」三人相視而笑，莫逆於心，遂相與爲友〔三〕。莫然有間〔四〕，而子桑户死，未葬。孔子聞之，使子貢往侍事焉〔五〕。或編曲〔六〕，或鼓琴，相和而歌曰：「嗟來桑户乎！嗟來桑户乎〔七〕！而已反其真〔八〕，而我猶爲人猗〔九〕！」子貢趨而進曰：「敢問臨尸而歌，禮乎〔一〇〕？」二人相視而笑，曰：「是惡知禮意〔一一〕！」子貢反，以告孔子，曰：「彼何人者邪？修行无有〔一二〕，而外其形骸，臨尸而歌，顔色不變，无以命之〔一三〕，彼何人者邪？」孔子曰：「彼，遊方之外者也；而丘，遊方之内者也〔一四〕。外内不相及〔一五〕，而丘使女往弔之，丘則陋矣！彼方且與造物者爲人〔一六〕，而遊乎天地之一氣〔一七〕。彼以生爲附贅縣疣〔一八〕，以死爲决𤴯潰癰〔一九〕，夫若然者，又惡知死生先後之所在〔二〇〕！假於異物，託於同體〔二一〕；忘其肝膽，遺其耳目〔二二〕；反覆終始，不知端倪〔二三〕；芒然彷徨乎塵垢之外，逍遥乎无爲之業〔二四〕，彼又惡能憒憒然爲世俗之禮，以觀衆人之耳目哉〔二五〕！」

〔一〕馬其昶云：「楚辭桑扈，洪注謂桑户。」案白帖一〇、廣韻上聲三引户並作扈，扈諧户聲，古字通用。楚辭九章涉江、風俗通十反篇亦並作桑扈。論語雍也篇：「仲弓問子桑伯子。子曰：可也，簡。」朱子注：「子桑伯子其人，胡氏（致堂）疑即莊周所稱子桑户者，是也。」書鈔一〇六、御覽五七一引琴並作禽。御覽四〇九引友上有爲字。

〔二〕釋文：『李云：撓挑，猶宛轉也。宛轉玄曠之中。』案天地篇：『手撓顧指。』釋文引司馬注：『撓，動也。』説文：『挑，撓也。』是『撓挑』猶『撓撓』。在宥篇：『挈汝適復之撓撓，以遊无端。』郭注：『撓撓，自動也。』『撓挑无極』，猶言動於無極耳。李釋：『撓挑，猶宛轉。』與動義近。

〔三〕案覆宋本與下有爲字，白帖一〇引同。與御覽引上文作『遂相與爲友』合。

〔四〕釋文：『莫然，崔云：「定也。」有間，崔、李云：「頃也。」本亦作「爲間」。』奚侗云：『廣雅：「莫，漠也。」』莫然，謂寂漠無言也。文子上德篇：「漠然無聲，」天道篇：『漠然不應。』即此義。（淮南説林篇「漠然」作「寂然」。）案崔釋『莫然』爲定，則莫借爲嗼，爾雅釋詁：『嗼，定也。』呂氏春秋首時篇『飢馬盈廐嗼然』，高注：『嗼然，無聲。』奚氏所引諸漠字，皆嗼之借字。釋文『有間』本亦作『爲間』。王念孫云：『爲猶有也。孟子滕文公篇曰：「夫滕，壤地褊小，將爲君子焉，將爲野人焉。」趙注曰：「爲，有也。雖小國，亦有君子，亦有小人也。」又曰：「夷子憮然爲間。」注曰：爲間，有頃之間也。」盡心篇曰：「爲間不用，則茅塞之矣。」注曰：「爲間，有間也。」晏子外篇：「孔子之不逮舜爲間矣。」「爲間」亦「有間」也。』（經傳釋詞二。）

〔五〕成疏：『使子貢往弔，令供給喪事。』案覆宋本待作侍，文選東方朔畫像贊注引同。待、侍古通，田子方篇：『孔子便而待之。』釋文：『待，或作侍。』漁父篇：『竊待於下風。』釋文：『待，或作侍。』並其比。

〔六〕釋文：『李云：曲，蠶薄。』案一切經音義八〇引莊子曰：『編，比連也。』疑是此文古注。說文：「曲，或說：蠶薄也。」又，『苗，蠶薄也。』苗、曲，正、假字。史記周勃世家：『勃以織薄曲爲生。』索隱：『韋昭云：「北方謂薄爲曲。」許慎注淮南云：「曲，葦薄也。」』

〔七〕王引之云：『來，句中語助也。「嗟來」猶「嗟乎」也。』（經傳釋詞七。）案『嗟來』，歎聲也。

〔八〕案『而已反其真』，猶言『汝已歸於真』。

〔九〕釋文：『猗，崔云：辭也。』王引之云：『猗，兮也。書秦誓曰「斷斷猗」，禮記大學猗作兮；詩伐檀曰：「坎坎伐檀兮，寘之河之干兮，河水清且漣猗。」猗猶兮也，故漢魯詩殘碑猗作兮。』（經傳釋詞四。）

〔一〇〕成疏：『況臨朋友之屍，會無哀哭。』案成本尸蓋作屍。（或說尸爲屍。）白帖一〇引同。屍、尸，正、假字。

〔一一〕案書鈔一〇六引視作顧，惡下有乎字。文選東方朔畫像贊注、白帖引惡下亦並有乎字。白帖、御覽五七一引意下並有也字。漁父篇：『禮者，世俗之所爲也。真者，所以受於天也。』桑户死乃歸於真，何用世俗之禮邪！禮意不在形制也。

〔一二〕案禮記祭義：『禮者，履此者也。』禮重在行，臨尸而無禮，是修行於無有矣。』

〔一三〕釋文：『崔、李云：命，名也。』

〔一四〕成疏：『方，區域也。』茆泮林云：『文選謝靈運之郡初發都詩注、夏侯孝若東方朔畫像注並引司馬云：方，常也。言彼遊心於常教之外也。』奚侗云：『論語：「且知方也。」鄭注：「方，禮法也。」「遊方之外」，指「臨尸而歌」言之。下文：「然則夫子何方之依？」又云：「敢問其方？」方應訓道，與此不同。』案『遊方之外』，謂出也。『遊方之內』，謂入世。奚氏釋方爲『禮法』，與司馬言『常教』義近，惟下文『然則夫子何方之依』即就此方外、方內而言，方不當訓道。

〔一五〕案左僖四年傳：『唯是風馬牛不相及也。』孔疏：『言此事不相及，故以取喻不相干也。』此文『不相及』，亦謂『不相干』也。

〔一六〕郭氏集釋引王引之曰：『應帝王篇：「予方將與造物者爲人。」郭曰：「任人之自爲。」天運篇：「丘不與化爲人。」郭曰：「夫與化爲人者，任其自化者也。」案郭未曉人字之義，人，偶也。「爲人」猶「爲偶」。中庸：「仁者，人也。」』鄭注：『讀如相人偶之人，以人意相存偶之言。』詩匪風箋：「人偶能割亨者，人偶能輔周道治民者。」聘禮注：「每門輒揖者，以相人偶爲敬也。」公食大夫禮注：「每曲揖及當碑揖相人偶。」是人與偶同義，故漢時有「相人偶」之語。淮南原道篇：「與造化者爲人。」義與此同。（高注：「爲，治也。」非是，互見淮南。）齊俗篇曰：「上與神明爲友，下與造化爲人。」是其明證也。』茆泮林云：『文選顏延年三月三日曲水詩序注引司馬云：「造物者爲道。」任彥昇到大司馬記室箋注、宣德皇后令注、陸佐公石闕銘注、沈休文齊故安陸昭王碑文注並引司馬云：「造物，謂道也。」』案人，偶也。王說是。

「造物」與「造化」同，並謂道也。文子道德篇云：『上與道爲友，下與化爲人。』

〔一七〕案知北遊篇：『通天地之一氣耳。』（據陳碧虛闕誤引劉得一本，之猶者也。）

〔一八〕案荀子宥坐篇楊注引疣作肬，肬、疣，正、俗字。說文：『肬，贅也。』衆經音義一六云：『小曰肬，大曰贅。』駢拇篇『附贅縣疣』，後漢書郭皇后紀注、一切經音義二〇、文選陳孔璋爲袁紹檄豫州文注、楚辭九章洪補注引疣亦皆作肬，文心雕龍鎔裁篇同。

〔一九〕成疏：『氣散而死，若疶癰決潰，非所惜也。』案疶正作肒，（猶疣正作肬也。）說文：『肒，搔生創也。』廣韻別肒、疶爲二字，云：『肒，皰肒。疶，癰疽屬也。』（去聲換第二十九。）記纂淵海五一：事文類聚前集五一引癰並作廱，宣解本、郭集釋本、王集解本亦皆作廱，郭、王本並改成疏癰作廱，癰乃廱之隸變。

〔二〇〕案御覽七四〇引在下有也字。知北遊篇：『生也死之徒，死也生之始，孰知其紀！』

〔二一〕案至樂篇：『生者假借也，假之而生。』

〔二二〕案達生篇亦有此二語。淮南子俶真篇：『忘肝膽，遺耳目。』精神篇：『亡肝膽，遺耳目。』（亡與忘同，今本亡誤正，王氏雜志有說。）並本莊子。

〔二三〕段玉裁云：『「不知端倪」，借端爲耑，借倪爲題也。』案說文：『耑，物初生之題也。』段注：『古發端字作此。』『題，頟也。』段注：『引伸爲凡居前之稱。』淮南子精神篇：『反覆終始，不知其端緒。』本莊子。『端倪』猶『端緒』也。

〔二四〕釋文：『芒然，李云：无係之貌。』案事文類聚前集五一引垢作埃，淮南子俶真篇、脩務篇亦並作埃。達生篇亦有此文，『无爲』作『無事』，淮南子俶真篇、精神篇亦並作『無事』。俞樾云：『「無事之業」，謂「無事之始」也。廣雅釋詁：「業，始也。」』記纂淵海五一引此文業作表，未知何據。

〔二五〕釋文：『憒憒，説文、蒼頡篇並云：「亂也。」觀，示也。』案爾雅釋言：『觀，示也。』郝氏義疏引莊子此文及釋文爲證。

子貢曰：『然則夫子何方之依〔一〕？』孔子曰：『丘，天之戮民也〔二〕！雖然，吾與女共之。』子貢曰：『敢問其方〔三〕？』孔子曰：『魚相造乎水，人相造乎道〔四〕。相造乎水者，穿池而養給；相造乎道者，无事而生定〔五〕。故曰：魚相忘乎江湖，人相忘乎道術〔六〕。』子貢曰：『敢問畸人。』曰：『畸人者，畸於人而侔於天〔七〕。故曰，天之小人，人之君子；人之君子，天之小人也〔八〕。』

〔一〕馬氏故引王闓運曰：『言方外可遊，何自拘於方內也？』案孔子雖自謂『遊於方內』，而甚贊子反、琴張不拘世俗之禮，故子貢復問孔子究依於何方也。

〔二〕成疏：『夫聖迹禮儀，乃桎梏形性，仲尼既依方内，則是刑戮之人也。故德充符篇：「天刑之，安可解乎！」案天運篇：「一无所鑒，以闚其所不休者，是天之戮民也。」孔子自知爲天之戮民，乃有所鑒識而不休止者。

〔三〕成疏：方猶道也。

〔四〕成疏：『造，詣也。』釋文同。案造猶生也，易屯『天造草昧』，虞注：『造，生也。』（據朱駿聲説文通訓定聲引。）

〔五〕成疏：『人處大道之中，性分靜定而安樂也。』（節引。）郭氏集釋引俞樾曰：『定疑足字之誤，「穿池而養給，無事而生足」兩句一律，給亦足也。足與定字形相似而誤。管子中匡篇：「功定以得天與失天，其人事一也。」今本定誤作足，與此正可互證。』王先謙云：『生、性字通。』案俞説可從。在宥篇：『故舉天下以賞其善者不足，舉天下以罰其惡者不給。』給、足互文，給亦足也。與此同例。成疏已説生爲性。

〔六〕郭注：『各自足而相忘。』朱桂曜云：『淮南俶真訓亦有此二語。』高注：『言各得其志，故相忘也。』案藝文類聚二一、意林、白帖一〇引乎皆作于，（御覽六〇引上乎字作于，一切經音義二九引下乎字作于。），義同，淮南子俶真篇亦作于。論衡自然篇：『君臣相忘於治，魚相忘於水，獸相忘於林，人相忘於世。』本此而廣其義也。

〔七〕成疏：『畸者，不耦之名也。乖異於人，不耦於俗。侔者，等也，同也。』（節引。）釋文：『畸，司馬云：「不耦也。不耦於人，謂闕於禮教也。侔，等也。」李其宜反，云：「奇異也。」王引之云：『王逸注九章云：「奇，異也。」古字倚與奇通，字或作畸，「畸於人而侔於天」，謂異於人而同於天也。天下篇：「南方有倚人焉」，釋文：「倚，本或作畸，同，紀宜反。李云：異也。」』（春秋穀梁傳述聞。）案異於人而同於天，所謂『天而不人』也。列禦寇篇：『古之人，天而不人。』

〔八〕成疏：『人倫謂之君子，天道謂之小人。子反、琴張不偶於俗，乃曰畸人，實天之君子。』錢纂箋引王先謙曰：『疑當作「天之君子，人之小人」。故成玄英曰：「子反、琴張不偶於俗，乃曰畸人，實天之君子也。」』案王氏蓋指下二句言之，奚侗補注亦有此說。文選江文通雜體詩注引此下二句正作『天之君子，民之小人』，惟易人爲民耳。○以上第六章。通方外與方內。

顏回問仲尼曰：『孟孫才其母死〔一〕，哭泣无涕，中心不慼，居喪不哀〔二〕，无是三者，以善喪蓋魯國〔三〕。固有无其實而得其名者乎？回壹怪之〔四〕！』仲尼曰：『夫孟孫氏盡之矣！進於知矣〔五〕！唯簡之而不得，夫已有所簡矣〔六〕。孟孫氏不知所以生，不知所以死；不知就先，不知就後〔七〕。若化爲物，以待其所不知之化已乎〔八〕！且方將化，惡知不化哉？方將不化，惡知已化哉〔九〕？吾特與汝其夢未始覺者邪〔一〇〕！且彼有駭形而无損心，有旦宅而无情死〔一一〕。孟孫氏特覺人哭亦哭，是自其所以乃〔一二〕。且也相與吾之耳矣

〔一三〕，庸詎知吾所謂吾之乎〔一四〕？且汝夢爲鳥而厲乎天，夢爲魚而没於淵〔一五〕。不識今之言者，其覺者乎？其夢者乎〔一六〕？造適不及笑，獻笑不及排〔一七〕，安排而去化，乃入於寥天一。〔一八〕』

〔一〕釋文：『孟孫才，李云：三桓後，才，其名也。』案其猶之也。

〔二〕案覆宋本、道藏褚伯秀義海纂微本慼並作戚，慼、戚，正、假字，説文作慽，云：『憂也。』漁父篇：『處喪以哀爲主。』

〔三〕成疏：『三者既無，不名孝子，而鄉邦之内悉皆善之，云其處喪深得禮法也。』案覆宋本善下有處字，與成疏合，成讀『以善處喪』絶句。郭氏集釋引李楨曰：『「以善處喪」絶句，文義不完，且嫌於不辭。下「蓋魯國」三字，當屬上爲句，不當連下「固有」云云爲句。蓋與應帝王篇「功蓋天下」義同，言孟孫才以善處喪名蓋魯國。爾雅釋言：「弇，蓋也。」小爾雅廣詁：「蓋，覆也。」釋名釋言語：「蓋，加也。」並有高出其上之意，即此蓋字義也。』王氏集釋亦引李説。趙諫議本、道藏褚伯秀義海纂微本善下亦並有處字，李氏讀『以善處喪蓋魯國』絶句，是也。天地篇：『於于以蓋衆。』亦與此蓋字同義。

〔四〕案道藏王元澤新傳本、元纂圖互注本、世德堂本壹皆作一，壹與一同。王引之云：『一，語助也，字或作壹。』（經傳釋詞三。）裴學海云：『一猶則也。』（古書虚字集釋三。）裴説較勝。

〔五〕盡、進互文，進亦盡也。養生主篇：『臣之所好者道也，進乎技矣！』進亦借爲盡，與此同例。

〔六〕郭注：『簡擇死生，而不得其異。』案簡借爲柬，爾雅釋詁：『柬，擇也。』說文：『柬，分別簡之也。』擇亦分別也。簡，就下文生死而言。無猶不也，夫猶彼也，謂孟孫才也。此謂分別生死而無所得，孟孫才已有所分別矣。

〔七〕案先、後就生、死言，就疑孰之誤，上文『又惡知死生先後之所在』正所謂『不知孰先，不知孰後』也。知北遊篇：『光曜不得問，而孰視其狀貌。』淮南子道應篇孰誤就，（王氏雜志有說。）亦同此例。

〔八〕郭注：『不違化也。』成疏：『若，順也。』案已猶『而已』也。

〔九〕郭注：『已化而生，焉知未生之時哉？未化而死，焉知已死之後哉？』案『方將』，複語，將亦方也。列子天瑞篇：『生不知死，死不知生，吾何容心哉！』

〔一〇〕案其猶殆也。吾與汝皆拘俗情，故未覺。然仲尼言此，是已覺，但恐顏回未覺耳。

〔一一〕郭注：「以變化爲形之駭動耳，故不以死生損累其心；以形骸之變爲旦宅之日新耳，其情不以爲死。」釋文：『「旦宅」，李本作「怛咤」，云：「驚惋之貌。」崔本作「靼宅」，靼，怛也。』章太炎云：『旦即嬗、禪等字之借，言有易居而無實死也。』劉師培云：『郭注云：「以形骸之變爲旦宅之日新耳，其情不以爲死。」釋文引李本作「怛咤」，云：「驚惋之貌。」今考淮南精神訓云：「有戒形而無損於心，有綴宅而無耗精。」語本莊書，而損、耗，心、精，詞咸偶列，勘以郭本，其義實長。古籍耗恒作秏，秏、死，精、情，形近互譌，倒書則爲「情死」。郭據譌本爲釋，遂弗可通。若「旦宅」之詁，李殆近之。淮南作綴，或亦惙字叚書耳。』奚侗云：『「旦宅」當作「怛化」，情當作精，應與死字到置。本篇「叱！避！無怛化！」郭注：「不願人驚之，將化而死，無爲怛之。」即此文「怛化」之義。說文：「死，澌也。人所離也。」是死有離柀之義。上言有可駭之形而無損於其心，下言有可怛之化而無離於其精，兩句正相耦也。』釋文：『「旦宅」，李本作「怛恅」，』崔本作「靼宅」，靼，怛也。以李、崔兩本證之，可見旦之當作怛也。變化字古但作匕，今皆借教化字爲之。竊疑此文本作匕，匕誤爲乇，遂譌爲宅矣。淮南精神訓作「人有戒形而無損於心，有綴宅而無耗精」，戒借爲駴，與駭同。綴借作惙，說文：「惙，憂也。」怛、惙義同。（廣雅釋詁一：怛，憂也。）「秏精」「死精」，其義同。』案淮南子精神篇作『有戒形而無損於心，有綴宅而無耗精』。（損下於字衍，王氏雜志有說。莊逵吉本耗作秏，改俗從正也。）高注：『戒，或作革。革，改也。言人形骸有改更而作化也。心喻神，神不損傷也。綴宅，身也。精神居其宅則生，離其宅則死，言人雖死，精神終不耗減，故曰「無耗精」也。』戒，或作革，革、戒，正、假字。說文：『革，更也。』又云：『諽，一曰更也。讀若戒。』段注：『諽與革音義同。』莊子『戒形』作『駭形』，駭與駴同，奚說是。（德充符篇『又以惡駭天下』，釋文引崔本駭作駴，外物篇『聖人之所以駴天下』，淮南子俶真篇駴作駭，並其證。）駭亦借爲革，『駭形』與『戒形』同旨，謂更改形骸也。莊子『綴宅』作『旦宅』，旦借爲嬗、禪等字，章說是。（李本作『怛恅』，崔本作『靼宅』，並與『旦宅』同。）上文『若人之形者，萬化而未始有極也』，賈誼鵩鳥賦：

『形氣轉續兮，變化而嬗。』綴續字與嬗、禪義亦相因，轉變無窮，所謂綴也。綴不當借爲惙。宅喻身，高說是。『旦宅』與『綴宅』義符，謂轉變形體也。莊子『耗精』作『死情』，乃『情死』之誤倒，劉、奚說並是。死與耗義近，釋名釋喪制：『死，澌也。精神澌盡也。』情、精古通，情非誤字。（荀子修身篇：『術順墨而精褋汙。』楊注：『精當爲情。』呂氏春秋察賢篇：『弊生事精。』說苑政理篇精作情，並其證。）『死情』與『耗精』同旨，謂耗盡精神也。『有駭形而无損心，有旦宅而无死情。』謂形骸有更改，而心靈無損減。（說文：損，減也。）形體有轉變，而精神無耗盡也。（養生主篇略有說。）

〔一二〕郭注：『人哭亦哭，正自是其所宜也。』章太炎云：『乃、以雙聲，借爲然，如此也。』案自猶即也。（史記齊世家：『崔杼妻入室，與崔杼自閉户不出。』自亦與即同義。）道藏成疏本乃作宜，下有也字。覆宋本（亦成疏本）乃亦作宜。竊疑郭說乃爲宜，成疏本因改乃爲宜。乃猶然也，然有宜義，淮南子原道篇：『因物之相然也。』高注：『然猶宜也。』

〔一三〕郭注：『夫死生變化，吾皆吾之。既皆是吾，吾何失哉！』章太炎云：『晉語云：「暇豫之吾吾。」吾與虞同，如騶虞亦作騶吾也。古作吾、作虞，今則作娛，言直以哭爲娛戲也。古本有處殯之歌。』奚侗云：『吾借爲寤，說文：寐覺而有言曰寤。』案人哭亦哭，如秦失之弔老聃死，三號而出。（養生主篇。）乃從俗耳。然亦非以哭爲娛戲也。章說未審。吾借爲寤寐字，奚說亦牽強。生爲吾，死亦吾，生死皆吾，死固無失。郭義爲長。

〔一四〕郭注：『靡所不吾也。故玄同外內，彌貫古今，與化日新。』裴學海云：『之，語末助詞。』（古書虛字集釋九。）案之猶者也。生爲吾，此俗人所知也；死亦吾，此俗人所不知也。吾所謂吾，玄同生死。故曰豈知吾所謂吾者乎？』

〔一五〕郭注：『言無往而不自得也。』成疏：『厲，至也。』王先謙云：『厲、戾同聲通用，至也。』案爾雅釋詁：『戾，至也。』詩小雅四月『翰飛戾天』，文選班孟堅西都賦注引韓詩戾作厲，即厲、戾通用之證。厲亦訓近，廣雅釋詁三：『厲，近也。』王氏疏證引莊子此文上句爲證。淮南子俶真篇：『譬若夢爲鳥而飛於天，夢爲魚而没於淵。』本此。王績答程道士書：『夢爲鳥厲於天，夢爲魚没於泉。』（東皋子集卷下。）亦本莊子，以泉代淵，避唐高祖諱也。

〔一六〕案之猶所也。上其字猶是也，下其字猶抑也。

〔一七〕郭注：『排者，推移之謂也。』成疏：『造，至也。』釋文：『獻，王云：章也。意有適，章於笑，故曰獻笑。』王氏集解引宣穎云：『人但知笑爲適意，不知當其忽造適意之境，心先喻之，不及笑也。及忽發爲笑，又是天機自動，亦不及推排而爲之。是適與笑不自主也。』錢纂箋引陳壽昌曰：『適、笑只在當境之須臾，入夢者不及覺，亦猶是也。』（節引。）案造不當訓至，廣雅釋詁二：『造，猝也。』王氏疏證引玉藻云：『造受命於君前，則書於笏。』此文造字，與禮記玉藻之造同義。王釋獻爲章，章與彰同，猶顯也。二語謂猝然適意，尚不及笑。既顯爲笑，則不及推排。蓋不得不笑也。

〔一八〕郭注：『安於推移，而與化俱去，故乃入於寂寥，而與天爲一也。』案『去化』與『順化』義近。夢爲鳥則安於鳥，夢爲魚則安於魚；在生安於生，在死安於死。所謂『安排而去化』也。寥，正作廖，説文：『廖，空虛也。』大方廣佛華嚴經隨疏演義鈔一引莊子佚文：『天即自然。』（大正藏經疏部。）一喻道。『入於寥天一』，謂入於空虛自然之道也。簡言之，即與道合耳。○以上第七章。順化以入道。

意而子見許由，許由曰：『堯何以資汝〔一〕？』意而子曰：『堯謂我：汝必躬服仁義，而明言是非。』許由曰：『而奚來爲軹〔二〕！夫堯既已黥汝以仁義，而劓汝以是非矣〔三〕，汝將何以遊夫遙蕩恣睢轉徙之塗乎〔四〕？』意而子曰：『雖然，吾願遊於其藩〔五〕。』許由曰：『不然。夫盲者无以與乎眉目顏色之好，瞽者无以與乎青黃黼黻之觀〔六〕。』意而子曰：『夫无莊之失其美，據梁之失其力，黃帝之亡其知，皆在鑪捶之間耳〔七〕。庸詎知夫造物者之不息我黥而補我劓，使我乘成以隨先生邪〔八〕？』許由曰：『噫！未可知也〔九〕。我爲汝言其大略：吾師乎！吾師乎〔一〇〕！䪡萬物而不爲義，澤及萬世而不爲仁〔一一〕，長於上古而不爲老，覆載天地、刻彫衆形而不爲巧〔一二〕，此所遊已〔一三〕。』

〔一〕郭注：『資者，給濟之謂也。』釋文：『意而子，李云：賢士也。』

〔二〕成疏：『而，汝也。』釋文：『崔云：軹，辭也。』王引之云：『說文：「只，語已詞也。」字亦作軹。』（經傳釋詞九。）

〔三〕釋文：『李云：毀道德以爲仁義，不似黥乎？破玄同以爲是非，不似劓乎？』案李注『毀道德以爲仁義』，本馬蹄篇。齊物論篇：『是非之彰也，道之所以虧也。』秋水篇：『是非之不可爲分。』

〔四〕成疏：『恣睢，縱任也。轉徙，變化也。汝既被堯黥、劓，拘束性情，如何復能遨遊自得、逍遥放蕩、從容自適於變化之道乎？』釋文：『遥蕩，王云：「縱散也。」恣睢，李、王皆云：「恣睢，自得貌。」』錢纂箋引王念孫曰：『「遥蕩」與「媱愓」同，方言：「媱、愓，遊也。」廣雅：「戲也。」媱之言逍遥，愓之言放蕩也。』（王說見廣雅釋詁三。）案成釋『遥蕩』爲『逍遥放蕩』，蓋王念孫釋『媱之言逍遥，愓之言放蕩』所本。然『遥蕩』二字不當分釋，從王叔之說釋爲『縱散』差可矣。

〔五〕釋文：『藩，司馬、向皆云：「崖也。」崔云：「域也。」』案人間世篇『若能入遊其樊』，樊與藩同。（正作楙，說文：『楙，藩也。』）淮南子精神篇：『體本抱神，以遊於天地之樊。』高注：『樊，崖也。』

〔六〕釋文：『盲，本又作眇。』案御覽四七〇引盲作眇。周禮冬官考工記：『白與黑謂之黼，黑與青謂之黻。』逍遥遊篇：『瞽者无以與乎文章之觀，聾者無以與乎鐘鼓之聲。』釋文引崔、向、司馬各本聲下更有二句，其一爲『眇者无以與乎眉目之好』，與此文『盲者』作『眇者』句合。（說互詳彼文。）

〔七〕郭注：『言天下之物，未必皆自成也。自然之理，亦有須冶鍛而爲器者耳。故此之三人，亦皆聞道而後忘其所務也。』成疏：「黄帝有聖知，亦爲聞道，故能忘遺其知也。鑪，竈也。錘，鍛也。」釋文：『无莊、據梁，司馬云：「皆人名。」李云：「无莊，无莊飾也。據梁，強梁也，」捶，本又作錘。』朱駿聲云：『捶，叚借爲錘。』章太炎云：『知北遊篇：「大馬之捶鉤者。」釋文云：「江東三魏之間人，皆謂鍛爲捶。」淮南道應訓注亦云：「捶，鍛擊也。」』案文選劉孝標廣絶交論注引亡作忘，古字通用。成疏『忘遺其知』，即以忘説亡。道藏成疏本、林希逸口義本、褚伯秀義海纂微本、陳碧虛音義本、羅勉道循本本、趙諫議本、覆宋本捶皆作錘，與成疏合。

〔八〕王氏集解引宣穎云：『乘猶載也。黥劓則體不備，息之補之，復完成矣。』案鑪捶之後故成，前文所謂『攖而後成』也。

〔九〕釋文：『噫，李云：「歎聲也。」本亦作意。又如字，謂呼意而名也。』案噫、意字異而義同，經傳釋詞四有説。（在宥篇：『意！治人之過也。』釋文引一本意作噫。山木篇：『噫！物固相累。』敦煌唐寫本噫作意。本書此例甚多。）敦煌唐寫本噫下有而字，則噫當從一本作意，意而，釋文所謂『呼意而名也』。

〔一〇〕唐寫本乎作于，于猶乎也，人間世篇：『不爲社者，且幾有翦乎！』釋文引崔本乎作于，庚桑楚篇：『曰：然則至是乎？』古鈔卷子本乎作于，並同此例。（參看人間世篇引王引之説。）

〔一一〕釋文：『𩐁，司馬云：碎也。』俞樾云：『𩐁即説文韲字，其或體作齏，古或以齊爲之，周官醢人職：

「五齊七醢七菹三臡。」是也。韲與菹、醢爲同類之物。「韲萬物」，猶云「菹醢萬物」，故天道篇云：「韲萬物而不爲戾。」郭於此無注，彼注云：「變而相雜故曰韲」是訓醢爲雜也。蓋韲合衆味而成，釋名釋飲食曰：「齏，濟也。與諸味相濟成也。」故有相雜之義。列禦寇篇：「使人輕乎貴老，而韲其所患。」釋文曰：「韲，亂也。」亂與雜義同。然云「雜萬物而不爲戾」，則義有未安矣。知北遊篇：「若儒墨者師，故以是非相韲也。」此則當訓爲雜，蓋儒墨兩家，是非蠭起，故雜也。郭訓爲和，義雖相通，然言固各有當矣。』案韲乃𩐁之隸省，或體作䪡，俗又省作齏，周禮天官醢人鄭注：『凡醢醬所和，細切爲齏。』說文𩐁下繫傳引莊子此文作𩐁，蓋改從正體，云：『謂視萬物如𩐁之細碎。』段注引王念孫曰：『𩐁者細碎之名。』蓋本繫傳。而繫傳蓋又兼本周禮鄭注及此文司馬注也。司馬釋韲爲碎，廣雅釋詁一：『碎，壞也。』『韲萬物』，謂毀壞萬物。義借爲俄，廣雅釋詁二：『乖、俄，衺也。』王氏疏證：『說文：「乖，戾也。」戾亦衺也。』故此文作義，天道篇作戾，其義一也。賈子道術篇：『心兼愛人謂之仁，反仁爲戾。』天道篇：『韲萬物而不爲戾，澤及萬世而不爲仁。』彼以戾、仁對言，猶此以義、仁對言也。又天運篇：『利澤施於萬世，天下莫知也。』淮南子詮言篇：『澤及後世不有其名。』『天下莫知』，『不有其名』，由於『不爲仁』耳。

〔一二〕錢纂箋引王闓運曰：『天道篇引此語，云：此之謂天樂。』案道藏羅勉道循本本彫作雕，文選劉孝標廣絕交論注引同，雕、彫並借爲琱，說文：『琱，治玉也。』

〔一三〕王氏集釋引宣穎云：『應上遊。』○以上第八章。遊心於道。

顏回曰：「回益矣〔一〕。」仲尼曰：「何謂也？」曰：「回忘仁義矣。」曰：「可矣，猶未也。」它日〔二〕，復見，曰：「回益矣。」曰：「何謂也？」曰：「回忘禮樂矣〔三〕。」曰：「可矣，猶未也。」它日，復見，曰：「回益矣。」曰：「何謂也？」曰：「回坐忘矣〔四〕。」仲尼蹵然〔五〕曰：「何謂坐忘？」顏回曰：「墮枝體，黜聰明〔六〕，離形去知，同於大通〔七〕，此謂坐忘〔八〕。」仲尼曰：「同則无好也，化則无常也〔九〕。而果其賢乎〔一〇〕！丘也請從而後也〔一一〕。」

〔一〕成疏：顏子覺己進益。（節引。）

〔二〕釋文：「『它日』，崔本作『異日』。下亦然。」案覆宋本此作『他日』，下作『它日』。（郭氏集釋、王氏集解並作『他日』。）他，俗字。淮南子道應篇作『異日』，與崔本同。

〔三〕案淮南子道應篇『仁義』二字與『禮樂』二字互易，當從之。老子三十八章云：『失道而後德，失德而後仁，失仁而後義，失義而後禮。』（莊子知北遊篇亦有此文。）淮南子本經篇：『知道德，然後知仁義之不足行也。知仁義，然後知禮樂之不足修也。』（文子下德篇亦有此文。）道家以禮樂爲仁義之次，文可互證。禮樂，外也。仁義，內也。忘外以及內，以至於坐忘。若先言忘仁義，則乖厥旨矣。

〔四〕茆泮林云：『文選賈長沙鵩鳥賦注引司馬云：坐而自忘其身。』馬氏故引曾國藩曰：『無故而忘曰坐忘。』

朱桂曜云：『淮南道應篇許注：坐忘，言坐自忘其身以至道也。』案坐忘乃最高之修養，豈無故而忘邪？司馬說是，司馬說又本之許慎注。齊物論篇：『南郭子綦隱几而坐，仰天而噓，嗒焉似喪其耦』，正所謂坐忘也。又案文中子天地篇：，『常也其殆坐忘乎！』因襲莊子。

〔五〕釋文：『蹵然，崔云：變色貌。』奚侗云：『蹵與蹙通，禮曲禮：「以足蹙路馬芻有誅。」釋文：「蹙，本又作蹴。」是其例。廣雅：「蹙，急也，迫也。」故淮南道應訓「蹵然」作「遽然」。謂急遽也。』案『蹵然』猶『遽然』，良是。御覽四九〇引此蹵作踧，蹵與踧亦通，本字作⿰尗欠，說文：『⿰尗欠，愁然也。孟子曰：曾西⿰尗欠然。』段注：『心部曰：「愁，憂也。」⿰尗欠然，心口不安之皃也。公孫丑篇今作蹵。』然則『仲尼蹵然』，謂孔子不安也。崔釋『蹵然』爲『變色貌』，與不安之義亦符。應帝王篇『陽子居蹵然』，寓言篇『陽子居蹵然變容』，並同此例。

〔六〕成疏：『墮，毀廢也。黜，退除也。』案唐寫本、道藏成疏本、覆宋本墮並作隳，意林、御覽四九〇、雲笈七籤九四坐忘論引皆同。墮、隳，正、俗字，淮南子覽冥篇、道應篇亦並作隳。鶡冠子學問篇陸注引此墮下、黜下並有其字，枝作肢，道藏成疏本、褚伯秀義海纂微本、羅勉道循本本、覆宋本枝皆作肢，意林、雲笈七籤、記纂淵海五一引咸同。淮南子覽冥篇亦作肢。文選賈誼鵩鳥賦注、御覽引此枝並作支，淮南子道應篇同。枝、支並胑之借字，肢爲胑之或體。淮南子覽冥篇黜作絀，（文子上禮篇絀作黜。）史記太史公自序亦云：『絀聰明。』（漢書司馬遷傳絀作黜。）本書在宥篇：『咄爾聰明。』（今本咄誤吐，王氏雜志餘編有說。）

黜、絀、咄，古並通用。

〔七〕淮南子道應篇作『洞於化通』。王引之云：『於訓爲與，言「洞與化通」也。』（經義述聞通說上『於』字條。）奚侗云：『「同於大通」，大字當是化之誤。下文「同則無好也，化則無常也」即分釋此句。淮南道應訓正作「洞於化通」。洞乃同之借字。』案淮南子作『洞於化通』，洞借爲同，奚說是。惟『化通』當從莊子作『大通』，大之作化，蓋涉下文『化則無常也』而誤。下文化字即承此『大通』而言，大通故化也。奚說正相反。『大通』爲得道之至境，乃道家恆言。秋水篇：且彼方跐黃泉，而登大皇，无南无北，奭然四解，淪於不測，无西无東，始於玄冥，反於大通。』淮南子覽冥篇：『純溫以淪，鈍悶以終，若未始出其宗，是謂大通。』精神篇：『除穢去累，莫若未始出其宗，乃爲大通。』詮言篇：『聖人無屈奇之服，無瑰異之行，服不視，行不觀，言不議，通而不華，窮而不懾，榮而不顯．隱而不窮，異而不見怪，容而與衆同，無以名之，此之謂大通。』（又見文子符言篇。）皆其證。

〔八〕成疏：『如此之益，謂之坐忘也。』案雲笈七籤引此作是，淮南子道應篇同。意林引謂下有之字，與成疏合。明方鳳云：『莊子凡立一論，必以孔、顏問答爲名。欲天下後世信其說而行之也。其曰：「回益矣，忘仁義矣，忘禮樂矣，坐忘矣。」嗚呼，顏子三月不違仁，斯須不去禮樂，使仁義禮樂而忘之，何以爲顏子！不過因「坐忘」一語，而輒生異說，以證其玄達無爲之道，而不知其言之弊也。惜哉！』（改亭存稿雜著。）莊子立論，偶以孔、顏問答爲名，所謂寓言之中重言，蓋有深意存焉。即如此章所論坐忘，非欲摒棄禮樂、仁義，蓋意在不爲禮樂仁義所囿，囿則弊生。冀使孔、顏之道，更進一境耳。儒家人物，往往囿於儒家之說，而不自知其弊也！

〔九〕釋文：『好，呼報反。』案有好則不同。淮南子道應篇好作善，義同。詩小雅鹿鳴：『人之好我。』鄭箋：『好猶善也。』化即大通，大通則不守故常。

〔一〇〕成疏：『而，汝也。』案其猶爲也。

〔一一〕成疏：『撝謙退己，以進顏回。』案晏子春秋內篇諫上：『寡人將從而後。』與此句法同。○以上第九章。坐忘。案大宗師篇發明內聖之道，坐忘爲內聖最高之修養，然則大宗師篇應止於此章，後不應再有『子輿與子桑友』一章。且前第六章已記子桑死，而此末章乃記子桑病，亦失先後之序。疑原是他篇之文，因所記二人與第五章之子輿及第六章之子桑相同，後人遂移附此篇之末與？

子輿與子桑友〔一〕，而霖雨十日〔二〕。子輿曰：『子桑殆病矣！』裹飯而往食之。至子桑之門，則若歌若哭，鼓琴，曰：『父邪！母邪！天乎！人乎〔三〕！』有不任其聲，而趨舉其詩焉〔四〕。子輿入，曰：『子之歌詩，何故若是？』曰：『吾思夫使我至此極者而弗得也〔五〕。父母豈欲吾貧哉？天无私覆，地无私載〔六〕，天地豈私貧我哉？求其爲之者而不得也〔七〕。然而至此極者，命也夫〔八〕！』

〔一〕案白帖七、事文類聚續集一六、合璧事類別集四五引友上皆有爲字。

〔二〕釋文：『霖，本又作淋。左傳云：雨三日以往爲霖。』案唐寫本、趙諫議本、道藏成疏本、林希逸口義本、褚伯秀義海纂微本、陳碧虚音義本、羅勉道循本本霖皆作淋，事文類聚前集二三、合璧事類前集三三引並同。霖、淋，正、假字。

〔三〕案史記屈原傳：『夫天者人之始也，父母者人之本也，人窮則反本。故勞苦倦極，未嘗不呼天也。疾痛慘怛，未嘗不呼父母也。』

〔四〕成疏：『任，堪也。趨，卒疾也。』釋文：『崔云：不任其聲，憊也。趨舉其詩，无音曲也。』案國語魯語上：『不能任重。』韋注：『任，勝也。』成疏釋任爲堪，堪亦勝也。國語晉語一：『口弗堪也。』注：『堪猶勝也。』趨借爲趣，說文：『趣，疾也。』徐无鬼篇：『王命相者趨射之。』趨亦趣之借字（朱駿聲有說）。

〔五〕案極猶困也，廣雅釋詁一：『困，極也。』

〔六〕案禮記孔子閒居：『孔子曰：天無私覆，地無私載。』吕氏春秋去私篇：『天無私覆也，地無私載也。』

〔七〕案爲字與上文使字互用，爲猶使也。

〔八〕案德充符篇：『知不可奈何，而安之若命，唯有德者能之。』○以上第一○章。安命。

（一九八四年一月十日脱稿）

應帝王第七

郭注：『夫无心而任乎自化者，應爲帝王也。』案天道篇：『靜而聖，動而王。』大宗師，窮内聖之道，應帝王，盡外王之理。聖人非欲爲帝王也，其德不形，物自不能離之。

齧缺問道於王倪，四問而四不知〔一〕。齧缺因躍而大喜，行以告蒲衣子〔二〕，蒲衣子曰：『而乃今知之乎？有虞氏不及泰氏〔三〕。有虞氏其猶藏仁以要人，亦得人矣，而未始出於非人〔四〕。泰氏其臥徐徐，其覺于于〔五〕。一以己爲馬，一以己爲牛〔六〕。其知情信，其德甚真〔七〕，而未始入於非人〔八〕。』

〔一〕釋文：『四問而四不知，向云：事在齊物論中。』錢穆云：『陳景元曰：「四問：一同是。二所不知。三物無知。四利害。」穆按：據是，知此篇之成，在齊物論之後。』案天地篇：『齧缺之師曰王倪，王倪之師曰被衣。』

〔二〕釋文：『蒲衣子，尸子云：「蒲衣八歲，舜讓以天下。」崔云：「即被衣，王倪之師也。淮南子曰：齧缺問道於被衣。」』朱桂曜云：『淮南文見道應篇，許注：「齧缺、被衣皆堯時老人也。」被衣亦作披衣，知北遊篇：「齧缺問道乎被衣。」釋文：「被音披，本亦作披。」淮南俶真訓：「故許由、方回、善卷、披衣得達其道。」』案御覽四〇四、天中記二〇並引莊子佚文：『蒲衣八歲而舜之師。』（舜上而字，義與爲同。）亦見高士傳。

〔三〕成疏：『泰氏，即太昊伏羲也。』釋文：『泰氏，司馬云：「上古帝王也。」李云：「大庭氏。」又云：无名之君也。」』茆泮林云：『路史前紀七引司馬云：上古帝王，無名之君。』案泰氏即泰帝，史記封禪書：『聞昔泰帝與神鼎一。』索隱引孔文祥云：『泰帝，太昊也。』路史引司馬注『無名之君』四字，疑誤引李注。

〔四〕釋文：『藏仁，崔云：「懷仁心以結人也。」本亦作臧，善也。簡文同。』案藏，本亦作臧，道藏成疏本、褚伯秀義海纂微本、趙諫議本皆作臧，高士傳同。臧不當訓善，懷藏字古通用臧，下文『應而不藏』，釋文：『藏，本又作臧。』庚桑楚篇：『藏不虞以生心。』古鈔卷子本藏作臧，徐无鬼篇：『无藏逆於得。』釋文：『藏，一本作臧。』皆藏、臧通用之證。大宗師篇：『堯既已黥汝以仁義。』莊子以仁義非本性所有，舜懷仁以求人，是以仁易人之本性，雖得人，而人已失其本性矣。『非人』，謂失去人性。『未始出於非人』，謂未曾超出於失去人性也。駢拇篇：『自虞氏招仁義以撓天下也，天下莫不奔命於仁義。是非以仁義易其性與！』可與此文之義相發。『未始出於非人』，正由『以仁義易其性』也。

〔五〕釋文：『司馬云：徐徐，安穩貌。于于，无所知貌。』淮南子覽冥篇作『臥倨倨，興眄眄』。高注：『倨倨，臥無思慮也。眄眄，視無智巧貌。』王氏雜志云：『「眄眄」當爲「盱盱」，盱字本作盰，形與眄相近，故誤爲眄。司馬彪曰：「于于，無所知貌。」正與高注「無智巧」之意相合。盜跖篇曰：「臥居居，起于于。」于與盱聲近而義同。說文：「盱，張目也。」淮南俶真篇曰：「萬民睢睢盱盱然，莫不竦身而載聽視。」魯靈光殿賦：「鴻荒朴略，厥狀睢盱。」張載曰：「睢盱，質朴之形。」劇秦美新曰：「天地未袪，睢睢盱盱。」故高云「視無智巧貌」也。』案論衡自然篇：『三皇之時，坐者于于，行者居居。』（行疑當作臥。）齊世篇：『宓犧之前，人民至質朴，臥者居居，坐者于于。』『居居』與『于于』，蓋本盜跖篇。僞子華子孔子贈篇：『其知徐徐，其樂于于。』王績醉鄉記：『其寢于于，其行徐徐。』則並本此文。

〔六〕成疏：『或馬或牛，隨人呼召。』馬氏故引李威曰：『呼我爲馬，應之曰馬；呼我爲牛，應之曰牛。此非玩世不恭也，心無我相，已解脫形骸之外也。』朱桂曜云：『天道篇：子呼我牛也，而謂之牛；呼我馬也，而謂之馬。』案一猶或也，成疏『或馬或牛』，是也。論衡自然篇一作乍，疑乍亦猶或也。朱駿聲說文通訓定聲乍字下云：『蒼頡篇：「乍，兩辭也。」未詳其義。』兩辭者，不定之辭，蓋即或之義也。

〔七〕劉師培云：『情乃誠叚，猶云「所知允實」也，故與「甚真」並文。呂氏春秋具備篇云：「三月嬰兒，慈母之愛諭焉，誠也。」淮南繆稱訓誠作情，情、誠叚通，斯其比矣。又墨子尚同篇「情將欲爲仁義」，非攻篇「情不知其不義」，情並讀誠，說見王念孫雜志。』錢纂箋引馬其昶曰：『情，實也。』案情，馬訓實。劉叚誠，誠、實同義。『其德甚真』，甚亦誠也。戰國策秦策四：『左右皆曰甚然。』高注：『甚謂誠也。』

〔八〕案謂未曾降入於失去人性也。○以上第一章。至治在全人性。

肩吾見狂接輿。狂接輿曰：『日中始何以語女〔一〕？』肩吾曰：『告我君人者，以己出經式義，度人孰敢不聽而化諸〔二〕！』接輿曰：『是欺德也〔三〕。其於治天下也，猶涉海鑿河而使蚉負山也〔四〕。夫聖人之治也，治外乎？正而後行〔五〕，確乎能其事者而已矣〔六〕。且鳥高飛以避矰弋之害，鼷鼠深穴乎神丘之下以避熏鑿之患〔七〕，而曾二蟲之无知〔八〕！』

〔一〕成疏：『肩吾、接輿，已具前解。』釋文：『李云：「日中始，人姓名，賢者也。」崔本無日字，云：「中始，賢人也。」』郭氏集釋引俞樾曰：『釋文引李云：「日中始，人姓名，賢者也。」此恐不然。中始人名，日，猶云「日者」也。謂「日者中始何以語女」也。文七年左傳：「日衛不睦。」襄二十六年傳：「日其過此也。」昭七年傳：「日君以夫公孫段爲能任其事。」十六年傳：「日起請夫環。」並與此日字同義。李以「日中始」三字爲人名，失之矣。崔本無日字。』案肩吾、接輿，已見逍遥遊篇。

〔二〕成疏：『教我爲君之道，化物之方，必須己出智以經綸，用仁義以導俗，則四方氓庶，誰不聽從，遐遠黎元，敢不歸化邪！』釋文：『「出經」絶句。司馬云：「出，行也。經，常也。」崔云：「出典法也。」「式義度人」絶句。式，法也。崔云：「式，用也。用仁義以度人也。」』郭氏集釋引王念孫曰：『釋文曰「出經」絶句，「式義度人」絶句，引諸説皆未協。案此當以「以己出經式義度」爲句，「人孰敢不聽而化諸」爲句。「義讀爲儀。」，義、儀古字通。（説文：「義，己之威儀也。」文侯之命：「父義和。」鄭注：「義讀爲儀。」周官肆師：「治其禮儀。」鄭注：「故書儀爲義，鄭司農云：義讀爲儀，古者書儀但爲義，今時所謂義爲誼。下略。）儀，法也。（見周語注、淮南精神篇注、楚詞九歎注。）經、式、儀、度，皆謂法度也。。解者失之。』案陳碧虚闕誤引張君房本作『以己出經式義，庶民孰敢不聽而化諸』，義字屬上絶句，『度人』作『庶民』。審成疏：『必須己出智以經綸，用仁義以導俗，則四方氓庶誰不聽從，遐遠黎元敢不歸化邪！』成所據本蓋與張本同。然則舊本度乃庶之誤，人蓋本作民，藝文類聚九七、御覽九四五引此人並作民。釋文所出人字，蓋本亦作民，避唐太宗諱改之也。（天地篇：『將閭葂謂魯君曰：「必服恭儉，拔出公忠之屬而无阿私，民孰敢不輯！」』民字與此同。）出訓行，式訓用，如司馬、崔説。經、義並謂法度，如王説。此謂『以己行法度用法度，庶民誰敢不從化乎』！

〔三〕案趙諫議本、覆宋本接輿上並有狂字。（宣氏解、郭氏集釋、王氏集解、吴氏點勘諸本並從之。）吕氏春秋有度篇：『則不可欺矣。』高注：『欺，誤也。』『欺德』，謂誤其自得之性也。

〔四〕釋文：『蚉，本亦作蝱，同。』釋德清注云：『舍道而任僞，猶越海之外鑿河，則失其大而枉勞；且如蚊負山，必無此理也。』案蝱、蚉，正、俗字。『越海鑿河』，喻舍大求小；『如蚊負山』，喻不勝其累。秋水篇：『是猶使蚊負山，必不勝任矣。』抱朴子論仙篇：『是令蚊虻負山』，本莊子。

〔五〕宣穎云：『經、義，正是治外也。』案德充符篇：『幸能正生，以正衆生。』田子方篇：『物无道，正容以悟之。』並所謂『正而後行』也。

〔六〕茆泮林云：『文選劉孝標辯命論注引司馬云：確乎，不移易。』王氏集解引宣穎曰：『不強人以性之所難爲。』

〔七〕釋文：『矰，李云：罔也。』朱駿聲云：『說文：「矰，弋射矢也。」廣雅釋器：「矰，箭也。」周禮司弓：「矰矢茀矢，用諸弋射。」注：「結繳於矢謂之矰。」呂覽直諫：「宛路之矰。」注：「弋射短矢。」莊子李注：「罔也。」誤。』朱桂曜云：『神通申，重也。說文申部：「申，神也。」爾雅釋詁：「申、神，重也。」書：「矢其申命用休。」史記夏本紀申作重，詩「福祿申之」「自天申之」，傳並云：「申，重也。」然則「神丘」者，蓋「重丘」也。「重丘」亦即「層丘」。』案記纂淵海五七引『高飛』下有『于層漢之上』五字，與下文相偶，未知何據。弋借爲隿，說文：『隿，繳射飛鳥也。』段注：『經傳多以弋爲之。』淮南子脩務篇：「夫鴈銜蘆而翔，以備矰弋。」高注：『矰，矢。弋，繳。』說文：『乁，生絲縷也。』又，『鼷，小鼠也。』（成疏：『鼷鼠，小鼠也。』是。）御覽九一一引『熏鑿』作『薰灌』。熏、薰，正、假字。庚桑楚篇：『鳥獸不厭高，魚鼈不厭深。夫全其形生之人，藏其身也，不厭深眇而已矣。』文義可參。

〔八〕郭注：『言汝曾不如此二蟲之各存而不待教乎！』成疏：『而，汝也。汝不曾知此二蟲，不待教令而解避害全身者乎！』奚侗云：『知當作如，其義較長。「無如」猶言「不如」也。郭注：「言汝曾不如此二蟲之各存而不待教乎！」是郭本知正作如。』案曾猶乃也，无猶不也，謂汝乃不知此二蟲！文意甚明。郭注『不如』，趙諫議本、覆宋本並作『不知』。成疏『汝不曾知此二蟲』云云，乃申郭注之義，是所據郭注亦作『不知』。然則奚氏謂郭本知作如，不可據信矣。○以上第二章。正己而化行。

天根遊於殷陽，至蓼水之上〔一〕，適遭无名人而問焉，曰：『請問爲天下〔二〕。』无名人曰：『去！汝鄙人也，何問之不豫也〔三〕！予方將與造物者爲人〔四〕，厭，則又乘夫莽眇之鳥，以出六極之外，而遊无何有之鄉，以處壙埌之野〔五〕。汝又何帠以治天下感予之心爲〔六〕！』又復問。无名人曰：『汝遊心於淡，合氣於漠〔七〕，順物自然，而无容私焉，而天下治矣〔八〕。』

〔一〕釋文：『李云：「殷，山名。陽，山之陽。」崔云：「殷陽，地名。」蓼水，李云：「水名也。」』案陳碧虛云：『天根，喻元氣也。』如喻元氣，似不得斥爲鄙人。

〔二〕案下文言『治天下』，此言『爲天下』，爲猶治也。淮南子精神篇：『猶未足爲也。』高注：『爲，治也。』

〔三〕釋文：『簡文云：豫，悅也。』郭氏集釋引俞樾曰：『爾雅釋詁：「豫，厭也。」楚辭惜誦篇：「行婞直而不豫兮。」王逸注亦曰：「豫，厭也。」是豫之訓厭，乃是古義。無名人深怪天根之多問，故曰：「何問之不豫！」猶云「何許子之不憚煩」也。簡文云：「豫，悦也。」殊失其義。

〔四〕案人猶偶也，大宗師篇王引之有説。

〔五〕釋文：『莽眇，輕虚之狀也。壙埌，无滯之名也。崔云：猶曠蕩也。』案『莽眇』，大貌。小爾雅廣詁：『莽，大也。』『莽眇』猶『漭渺』，倒言之則爲『渺漭』，一切經音義一〇〇引古今正字云：『渺漭，大皃也。』逍遥遊篇、列禦寇篇並有『无何有之鄉』之文。『壙埌』，疊韻，亦大貌。説文：『壙，一曰，大也。』埌與閬同，外物篇『胞有重閬』，郭注：『閬，空曠也。』（列禦寇篇俞氏平議有説。）空曠亦大也。

〔六〕釋文：『帠，徐音藝，又魚例反。司馬云：「法也。」一本作寱，牛世反。崔本作爲。』孫詒讓云：『帠字字書所無，疑當作叚，説文又部，叚或作叚，古金文叚字或作□，（見鐘鼎款識晉姜鼎，詳余所箸古籀拾遺。）故隸變作帠（□變爲臼，□變爲巾。）此亦古字之僅存者。「何叚」猶言「何藉」也。崔譔本作爲，於文複贅，非也。（王筠説文句讀據崔本，謂帠是爲古文作臼之譌，俞氏平議又謂帠當爲臬，而讀爲寱，並未得其義。）』（札迻五。）朱桂曜云：『孫詒讓以帠爲叚之誤字，甚是。但以「何叚」爲「何藉」，則非。「何叚」猶「何假」、「何暇」也。人間世篇：「何暇至於暴人之所行！」下文：「何暇至於悦生而惡死！」在宥篇：「彼何暇安其性命之情哉！」田子方篇：「何暇至乎人貴人賤哉！」並用「何暇」字。』案帠爲叚之誤，孫説是；『何叚』猶『何暇』，朱説是。在宥篇：『吾又何暇治天下哉！』天地篇：『而何暇治天下乎！』達生篇：『又何暇乎天之怨哉！』皆本書用『何暇』一詞之證。句末爲字，猶乎也。

〔七〕案淡借爲憺，廣雅釋詁四：『憺，靜也。』爾雅釋言：『漠，清也。』『遊心於淡，合氣於漠』，即清靜無爲耳。

〔八〕案釋名釋姿容：『容，用也。』『无容私』，猶言『不用私』也。達生篇：『從水之道，而不爲私焉。』與此句法同。『不爲私』，亦猶『不用私』也。◯以上第三章。順物而治。

陽子居見老聃〔一〕，曰：『有人於此，嚮疾彊梁，物徹疏明〔二〕，學道不勌〔三〕。如是者，可比明王乎？』老聃曰：『是於聖人也，胥易技係，勞形怵心者也〔四〕。且也虎豹之文來田，猨狙之便、執斄之狗來藉〔五〕。如是者，可比明王乎！』陽子居蹵然〔六〕曰：『敢問明王之治。』老聃曰：『明王之治，功蓋天下而似不自己〔七〕，化貸萬物而民弗恃〔八〕；有莫舉名，使物自喜〔九〕；立乎不測，而遊於无有者也〔一〇〕。』

〔一〕成疏：『姓陽，名朱，字子居。』馬氏故引姚鼐曰：『陽子居，即楊朱。』奚侗云：『此篇陽子居，與寓言篇陽子居同，即列子黃帝篇之楊朱，孟子亦作楊朱。蓋急讀之則爲朱，緩讀之則爲子居，其實一也。』釋文於本篇引李云：「居，名也。子，男子通稱。」於寓言篇則云：「姓陽，名朱，字子居。」若分爲二人者，非是，山木篇陽子，司馬云：「楊朱也。」得之。』案陽、楊古通，山木篇陽子，韓非子說林上篇作楊子，列子黃帝篇作楊朱。

〔二〕成疏：『神智捷疾，猶如嚮應（郭氏集釋本改嚮爲響）。涉事理務，強幹果決。鑒物洞徹，疏通明敏。』釋文：『「嚮疾彊梁」，李云：「敏疾如嚮也。」簡文云：「如嚮應聲之疾，故是彊梁之貌。」「物徹疏明」，司馬云：「物，事也。徹，通也。事能通而開明也。」』俞樾云：『釋文引李云：「敏疾如嚮也。」簡文云：「如嚮應聲之疾。」則字當爲「響疾」。文選羽獵賦：「蠁曶如神。」善注曰：「蠁曶，疾也。蠁與響同，曶與忽同。」然則響自有疾義。「響疾」連文，響亦疾也。自以作響爲長矣。』（節引。）章太炎云：『「物徹疏明」，四字平列，猶上言「嚮疾彊梁」也。物爲易之誤，書：「平在朔易」，五帝紀作「辯在伏物，」是其例。易借爲圛，如「豈弟」一訓「樂易」，一作「闓圛」，是易、弟、圛三字通。詩齊風箋：「圛，明也。」』案成疏嚮作響，古字通用，養生主篇：『砉然嚮然。』達生篇：『猶應嚮景（成疏嚮作響）』，與此同例。『嚮疾』連文，嚮亦疾也。詩周頌載芟『侯彊侯以』，毛傳：『彊，彊力也。』『彊梁』，複語，彊、梁同義，太玄經疑『疑彊昭』，范注：『彊，彊梁也。』釋名釋宮室：『梁，彊梁也。』老子四十二章：『強梁者不得其死。』（帛書甲本梁作良，古字通用。）強借爲彊。山木篇：『從其強梁。』釋文：『強梁，多力也。』『嚮疾彊梁』，言其勇。勇則勞形。物爲易之誤，易借爲圛，明也。章說是。（惟引五帝紀辯字，本作便。）甲骨文物字或省作，金文易字或作，形近易亂。『易徹疏明』，言其智。智則怵心。

〔三〕成疏：『學道精勤，曾無懈倦。』案成疏以倦說勸，勸與券同，券、倦，古、今字。勞形怵心以學道，去道愈遠矣。

〔四〕釋文：『胥，司馬云：「疏也。」簡文云：「相也。」易，崔云：「相輕易也。」簡文同。技，簡文云：「藝也。」係，崔本作繫。簡文云：「音繫。」』馬氏故引李治曰：『胥易者，以才知妄易是非。技係者，以技藝自爲拘係。』孫詒讓云：『天地篇亦有此文。胥當爲諝之借字，説文言部云：「諝，知也。」周禮天官敘官鄭注云：「胥讀如諝，謂其有才知爲什長。」詩小雅桑扈篇：「君子樂胥。」鄭箋云：「胥，有才知之名也。」此胥與技、形與心，文並相對。駢拇篇云：「夫小惑易方，大惑易性。」「胥易」，謂知識惑易。與「技係」同爲失其性也。司馬彪及簡文、崔譔説，並未得其旨。』奚侗云：『技乃枝字之誤，謂枝體也。（枝，正當作肢。肢、枝，古、今字。）淮南俶真訓：「夫人之拘於世也，必形繫而神泄。」高注：「形繫者，身形疾而精神越泄，不處其守。」此言「胥易」，謂知有移易，與「神泄」義近。「枝係」，謂體有係羈，義與「形繫」相同。形，亦謂形體也。天地篇誤與此同。』案六朝俗書，从木、从扌之字往往不分。技蓋本作枝，天地篇成疏：『技，有本或作枝字者。』（元纂圖互注本作枝，尚存其舊。）作枝者是也。崔本係作繫，古字通用。國語越語上『係妻孥』，韋注：『係，繫也。』即其證。『胥易』，謂知識惑易，如孫説。『枝係』，謂肢體係羈，奚説略同。『勞形』承『枝係』言，『怵心』承『胥易』言。

〔五〕釋文：「來田，李云：『虎豹以皮有文章見獵也。田，獵也。』犛音來。李音狸。崔云：『旄牛也。』來藉，司馬云：『藉，繩也。由捷見結縛也。』崔云：『藉，繫也。』」成疏：「狗以執捉狐狸，每遭係頸。」孫詒讓云：「李音、成釋，是也。犛、貍音近字通，即逍遥遊篇貍狌之貍。若旄牛至大，（旄，犛之借字，亦或作犛。逍遥遊篇云：『今夫犛牛，其大若垂天之雲。』釋文：『司馬云：旄牛。』是也。）豈田犬所能執乎！崔説非是。天地篇又作『執畱之狗成思』，釋文云：『畱，本又作貓。一本作貍。』司馬云：『貓，竹鼠也。』一云：『執畱之狗，謂有能，故被畱係成愁思也。』（此訓亦未塙。疑思當爲累之誤，『成累』，謂見繫累也。）成本作貍。案彼畱亦即貍也。司馬説及或説，並非。山海經南山經：『其音如畱牛。』郭注引莊子曰：『執棃之狗』。則晉時本又有作犁者。犛、棃、貍、畱，並一聲之轉。山海經借畱爲犛，猶此書借犛、畱爲貍也。」奚侗云：「此必古人習用之耦語，故淮南三引之。（繆稱、詮言、説林。）本書此文上下語不相耦，則『執犛之狗』必衍文也。案覆宋本『且也』誤『且曰』。馬氏故本猨作蝯，（錢纂箋本從之。）蝯、猨正、俗字，淮南子詮言篇、説林篇亦並作蝯。天地篇『執犛之狗』作『執畱之狗』。山海經注引畱作犁，（如孫説。）竊疑有作犛者。此文之『執犛之狗』四字，蓋後人據天地篇旁注之文竄入正文也。藉借爲簎，説文：『簎，刺也。』淮南子繆稱篇：『虎豹之文來射，猨狖之捷來措。』許注：『措，刺也。』措與簎同，詮言篇亦作措。説林篇措作乍，王氏雜志云：『繆稱篇作「猨狖之捷來措」，高注：「措，刺也。」措與乍古同聲而通用。』所稱高注，當作許注。（从乍从昔之字古同音通用，錢大昕聲類二亦有說。）文子上德篇：『虎豹之文來射，猨狖之捷來格。』格借爲挌，說文：『挌，擊也。』

〔六〕釋文：『⿱楚足然，改容之貌。』案⿱楚足，本字作⿰尗欠，說文：『⿰尗欠，惄然也。』段注：『⿰尗欠然，心口不安之皃。』心口不安，故改容也。大宗師篇：『仲尼⿱楚足然。』釋文引崔注：『⿱楚足然，變色貌。』與此同例。彼文有說。

〔七〕老子二章：『功成而弗居。』七十七章：『功成而不處，其不欲見賢。』淮南子詮言篇：『功蓋天下，不施其美。』

〔八〕案說文：『貸，施也。』老子四十一章：『夫惟道，善貸且成。』七十七章：『聖人爲而不恃。』

〔九〕案老子三十二章：『道常無名。』四十一章：『道隱無名。』三十四章：『萬物恃之而生而不辭，功成不名有。』

〔一〇〕朱桂曜云：『測當訓盡，在宥篇：「彼其物而窮，而人皆以爲終；彼其物無測，而人皆以爲極。」測與窮、終、極並列，是知測有盡之義。淮南原道訓、主術訓並云：「大不可極，深不可測。」高注：「測，盡也。」呂氏春秋下賢篇：「昏乎其深不可測。」高注：「測，盡也。言深不可盡。」「立乎不測」，猶言「立乎不盡」，與下句「遊於無有」相對也。』案測當訓盡，朱說是。秋水篇：『淪於不測。』『不測』，亦猶『不盡』也。庚桑楚篇：『萬物出乎无有。』山木篇：『浮遊乎萬物之祖。』『萬物之祖』，蓋『无有』也。然則『遊於无有』，猶言『遊於萬物之祖』與？〇以上第四章。治化於無形。

鄭有神巫曰季咸〔一〕，知人之死生存亡、禍福壽夭，期以歲月旬日若神。鄭人見之，皆棄而走〔二〕。列子見之而心醉，歸，以告壺子〔三〕，曰：『始吾以夫子之道爲至矣，則又有至焉者矣〔四〕。』壺子曰：『吾與汝既其文，未既其實〔五〕，而固得道與〔六〕？衆雌而无雄，而又奚卵焉〔七〕！而以道與世亢，必信〔八〕，夫故使人得而相汝〔九〕。嘗試與來，以予示之。』明日，列子與之見壺子，出而謂列子曰〔一〇〕：『嘻！子之先生死矣！弗活矣！不以旬數矣〔一一〕！吾見怪焉，見濕灰焉〔一二〕。』列子入，泣涕沾襟以告壺子。壺子曰：『鄉吾示之以地文〔一三〕，萌乎不震不正〔一四〕。是殆見吾杜德機也〔一五〕。嘗又與來。』明日，又與之見壺子。出而謂列子曰：『幸矣，子之先生遇我也！有瘳矣，全然有生矣〔一六〕！吾見其杜權矣〔一七〕。』列子入，以告壺子。壺子曰：『鄉吾示之以天壤〔一八〕，名實不入〔一九〕，而機發於踵〔二〇〕。是殆見吾善者機也〔二一〕。嘗又與來。』

〔一〕釋文：『李云：女曰巫，男曰覡。』案國語楚語下：『在男曰覡，在女曰巫。』韋注：『覡，見鬼者也。周禮，男亦曰巫。』淮南子精神篇：『鄭之神巫相壺子林。』高注：『在男曰覡，在女曰巫。巫能占骨法吉凶之氣。』列子黃帝篇殷敬順引顏師古云：『巫、覡亦通稱。』

〔二〕郭注：『不喜自聞死日也。』案列子黃帝篇張注引向秀注同。

〔三〕釋文：『心醉，向云：「迷惑於其道也。」壺子，司馬云：「名林，列子師。」』朱桂曜云：『列子黃帝篇壺子作壺丘子。仲尼篇：「子列子既師壺丘子林。」淮南子繆稱篇：「列子學於壺子。」並以壺子爲列子師。吕氏春秋下賢篇：「子產相鄭，往見壺丘子林。」高注：「子產，壺丘子弟子。」是壺丘子又爲子產師，列子正與子產同時。』案高士傳：『壺丘子林者，鄭人也。道德甚優，列禦寇師事之。』

〔四〕吴昌瑩云：『則猶今也。』（經詞衍釋八。）案養生主篇：『始也吾以爲其人也，而今非也。』（文如海本『其人』作『至人』。彼文有説。）與此句法相似。

〔五〕釋文：『李云：既，盡也。』王先謙云：『列子「既其文」作「無其文」。張湛注引向秀云：「實由文顯，道以事彰，有道而無事，猶有雌無雄耳。今吾與汝雖淺深不同，無文相發，故未盡我道之實也。」』錢纂箋引武延緒曰：『既疑玩字譌，列子黃帝篇觴深節：吾與若玩其文。』案與猶許也，論語公冶長篇：『吾與汝弗如也。』皇疏引秦道賓曰：『爾雅云：與，許也。』（今本爾雅缺。）李訓既爲盡，是也。廣雅釋詁一：『既，盡也。』文、實並就道而言，下句可照。文猶華也。此謂吾許汝盡道之華，未盡道之實也。陳碧虛闕誤引江南古藏本『既其文』作『無其文』。與列子同。據列子注引向注『無文相發，故未盡我道之實也』，是向本莊子亦作『無其文』。下既字訓盡，與李注合。無蓋本作无，列子釋文本無亦作无，云：『无，諸家本作既，於義不長。』不知作无，向注極牽强也。无當是旡之誤，旡，古既字。（敦煌本古文尚書既皆作旡，如禹貢：『大野既豬』，『彭蠡既豬』，『三江既入』，『篠簜既敷』，敦煌本四既字皆作旡。）列子黃帝篇『顏回問津人操舟」章（既觴深節）：「吾與若玩其文也久矣，而未達其實。」所謂「玩其文也久矣」，即「既其文」之意。「未達其實」，即「未既其實」之意。昔年岷撰莊子校釋及列子補正，並謂兩既字爲玩之誤，无爲玩之壞字，與錢引武說合。未審。

〔六〕案固猶乃也。

〔七〕案雌、雄二字當互易，道家以雌爲貴，老子所謂「知其雄，守其雌，爲天下谿」（二十八章。又見莊子天下篇。）是也。淮南子覽冥篇正作「衆雄而無雌」。（原道篇：「聖人守清道而抱雌節。」亦貴雌之證。）卵謂卵化也，淮南子卵正作化。

〔八〕案列子亢作抗，釋文：「抗，或作亢。」注引向秀注作亢，抗、亢，正、假字。說文：「抗，扞也。」

〔九〕案「夫故」，複語，夫亦故也。或作「故夫」，逍遥遊篇：「故夫知效一官。」即其例。彼文有說。

〔一〇〕案御覽八七一引而下有咸字。

〔一一〕案御覽引不下有可字，列子亦有可字。說文：「數，計也。」

〔一二〕成疏：「子林示其寂泊之容。」案列子釋文引司馬云：「氣如濕灰。」此死寂之兆也。

〔一三〕釋文：「鄉，本作曏，亦作向，同。地文，與土同也。崔云：文猶理也。」案道藏成疏本、褚伯秀義海纂微本、陳碧虛音義本、羅勉道循本本、趙諫議本鄉皆作曏，韻府羣玉二引作向，列子同。鄉、向並借爲曏，說文：「曏，不久也。」胠篋篇：「然則鄉之所謂知者，不乃爲大盗積者也！」釋文：「鄉，本又作向，亦作鄬。』鄉、向並借爲鄬，與此同例。『地文』，列子注引向秀曰：『塊物若土也。』即釋文『與土同』所本。地文者，陰靜之兆也。

〔一四〕郭注：『萌然不動，亦不自正。』釋文：『「不震不正」，崔本作「不誫不止」。云：「如動不動也。」』郭氏集釋引俞樾曰：『列子黄帝篇作「罪乎不誫不止」。當從之。罪讀爲崋，說文山部作𡶒，云：「山貌。」是也。誫即震之異文，「不誫不止」者，不動不止也。故以「崋乎」形容之。言與山同也。今罪誤作萌，止誤作正，失其義矣。據釋文，則崔本作「不誫不止」，與列子同，可據以訂正。』案『不震不正』，崔本作『不誫不止』，列子同。陳碧虛闕誤引江南古藏本『不正』亦作『不止』。誫即震之異文，正乃止之形誤，俞說是。惟『萌乎』列子作『罪乎』，義頗難通，張注：『罪，或作萌。』（殷敬順釋文同。）與此文合。作萌者是也。萌有生義，（淮南子俶真篇：『孰知其所萌。』高注：『萌，生也。』）『萌乎不震不止』，猶云『生於不動不止』。有潛滋暗長之意。）正對上文『子之先生死矣』而言。意甚明白。俞氏謂『當從列子作罪，罪讀爲崋』，說殊牽強。不知列子本亦作萌也。列子注引向秀曰：『萌然不動，亦不自止。』即郭注云云所本，是郭注正亦止之誤矣。

〔一五〕郭注：『德機不發曰杜。』釋文：『「杜德機」，崔云：塞吾德之機。』王先謙云：『列子機作幾，下同。注引向云：德幾不發故曰杜。』案唐段成式酉陽雜俎續集四、記纂淵海八七引列子幾並作機，與莊子同，古字通用。『杜德機』，謂杜塞其自得之機兆也。郭注本自向注。

〔一六〕馬氏故引蘇軾曰：『「全然」列子作「灰然」。是也。』宣穎云：『「全然」列子作「灰然」。對上文濕灰復然，甚好。』錢纂箋引武延緒曰：『有讀文。』案全與瘳相應，不誤。徐无鬼篇：『今予病少痊。』全、痊，正、俗字。列子作灰，疑後人因上文『見濕灰焉』而改之。張注：『灰，或作全。』釋文亦云：『灰，本作全。』

〔一七〕郭注：『權，機也。今乃自覺昨日之所見。』案權與上文機爲互文。

〔一八〕郭注：『天壤之中，覆載之功見矣。比之地文，不猶外乎！』茆泮林云：『文選陸士衡演連珠注引司馬云：壤，地也。』王先謙云：『列子注引向云：「天壤之中，覆載之功見矣。比地之文，不猶外乎！」案郭注「地之」作「之地」，「外」作「卵」，是誤字。昔人謂郭竊向注殆不然，此類得毋近是乎？』朱桂曜云：『淮南精神訓：「壺子持以天壤。」高注：「言精神天之有也，形骸地之有也，死自歸其本，故曰持天壤矣。」郭注未是。』案天地篇：『天地雖大其化均也。』『示之以天壤』，謂示之以天地相通之容，自大異於地文之杜塞也。此非涉及死，向、郭注近之，高注未爲得。又向注『比地之文』，『地之』乃『之地』之誤倒。郭注『不猶外乎』！覆宋本、元纂圖互注本、世德堂本外皆誤卵，非郭注本作卵。（郭竊向注問題，岷有莊子向郭注異同考。）

〔一九〕郭注：『任自然而覆載，則天機玄應，而名利之飾，皆爲弃物。』馬氏故引宣穎曰：『諸無所有。』朱桂曜云：『淮南精神訓高注：「名，爵號之名。實，幣帛貨財之實。不入者，心不恤也。」』案郭注本向注。惟列子注引向注無『則天機玄應』五字。『名實』向、郭、高注並拘泥。『名實不入』，蓋謂一切不存於心也。宣說是。

〔二〇〕郭注：『常在極上起。』成疏：『踵，本也。』錢纂箋云：『陸長庚曰：「真人之息以踵。」釋德清曰：「從至深靜地而發起照用也。」』案此謂生之機兆由根本中來也。大宗師篇：『真人之息以踵。』（即陸說所本。）郭注：『在根本中來。』

〔二一〕成疏：『「全然有生」，即是見善之謂也。』

明日，又與之見壺子。出而謂列子曰：『子之先生不齊〔一〕，吾无得而相焉。試齊，且復相之。』列子入，以告壺子。壺子曰：『吾鄉示之以太沖莫勝〔二〕。是殆見吾衡氣機也〔三〕。鯢桓之審爲淵，止水之審爲淵，流水之審爲淵。淵有九名，此處三焉〔四〕。嘗又與來。』明日，又與之見壺子。立未定，自失而走〔五〕。壺子曰：『追之！』列子追之，不及。反，以報壺子，曰：『已滅矣！已失矣！吾弗及已！』壺子曰：『鄉吾示之以未始出吾宗〔六〕。吾與之虛而委蛇〔七〕，不知其誰何〔八〕。因以爲弟靡，因以爲波流，故逃也〔九〕。』

〔一〕釋文：『齊，側皆反。本又作齋，下同。』宣穎云：『動靜不定。』俞樾云：『按下文郭注曰：「無往不平，混然一之。以管闚天者，莫見其涯，故似不齊。」張湛注列子黃帝篇引向秀注同。然則向、郭皆讀如本字，釋文音「側皆反」，非是。』案道藏王元澤新傳本齊作齋，列子黃帝篇同。審文意，當以作齊爲是。無定迹可相，故謂不齊。列子釋文本齋作齊，酉陽雜俎續集四引同。

〔二〕成疏：「沖，虛也。莫，無也。」俞樾云：『勝當讀爲朕，勝本從朕聲，故得通用。「莫朕」者，無朕也。言無朕兆也。郭注曰：「居太沖之極，浩然泊心，而玄同萬方，故勝負莫得厝其間也。」此泥本字爲說，未達叚借之旨。列子黃帝篇正作「向吾示之以太沖莫朕」。張湛引向秀注曰：「居太沖之極，浩然泊心，玄同萬方，莫見其迹。」郭注正竊用向說。但以不達叚借之旨，改其末四字耳。』案『吾鄉』乃『鄉吾』之誤倒，上下文可照。列子作『向吾』，亦可證。俞氏謂『勝當讀爲朕』是也。淮南子兵略篇：『凡物有朕，惟道無朕。』文子自然篇朕作勝，即勝、朕通用之證。帛書甲本老子卷後伊尹九主篇亦云：『唯天无勝，凡物有勝。』天猶道也。

〔三〕成疏：『衡，平也。神氣平等，以此應機。』案『衡氣機』，謂神氣平和之機兆也。蘇軾答孔常父見訪詩：『豈復見吾衡氣機。』本此。

〔四〕成疏：『鯢桓以方衡氣，水止以譬地文，流水以喻天壤。淵有九名者，謂鯢桓、止水、流水、汎水、濫水、沃水、雍水、文水、肥水，故謂之九也。並出列子，彼文具載，此略敘有此三焉也。』釋文：『「鯢桓」，簡文云：「鯇，鯨魚也。桓，盤桓也。」崔本作「鯇拒」。云：「拒，或爲桓。」審，司馬云：「審當爲蟠，蟠，聚也。」崔本作潘，云：「潘流所鍾之域也。」「淵有九名」，淮南子云：「有九旋之淵。」許慎注云：「至深也。」』王念孫云：『崔譔本桓作拒，字之誤也。拒與桓字相近。』（漢書酈商傳雜志。）朱駿聲云：『審段借爲瀋，按猶汁也。言纖少也。』郭氏集釋引俞樾曰：『審，今以字義求之，則實當爲瀿，說文水部：「旛，大波也。從水旛聲。」作潘者，字之省。司馬彪讀爲蟠，誤也。郭本作審，則失其字也。又案列子黃帝篇：「鯇旋之潘爲淵，止水之潘爲淵，流水之潘爲淵，濫水之潘爲淵，沃水之潘爲淵，氿水之潘爲淵，雍水之潘爲淵，汧水之潘爲淵，肥水之潘爲淵，是爲九淵焉。」九淵全列，然與上下文殊不相屬，疑爲他處之錯簡。莊子所見已然。雖不敢徑去，而實非本篇文義所繫，故聊舉其三耳。』奚侗云：『審當爲瀋，沈之段字。沈正作湛，說文：「湛，没也。」引伸之則有深意。沈、湛，古、今字，今多用沈爲湛。淵，說文：「回水也。从水象形，左右岸也。中象水皃。」管子度地篇：「水出地而不流者命曰淵。」是淵爲水所渟滀之處。「沈爲淵」者，猶言「深爲淵」耳。禮檀弓：「爲榆沈故設撥」，是段沈爲瀋也。而此則段潘爲沈。列子黃帝篇九淵之名，審皆作潘，蓋瀋缺宀則爲潘，缺水則爲審，易滋譌誤，輾迹故可尋也。釋文引司馬云：「審當爲蟠。蟠，聚也。」崔本作潘，云：「回流所鍾之域也。」說皆不塙。俞樾謂：「審當作旛，說文：旛，大波也。」於淵之名義尤不合。』案司馬讀審爲蟠聚字，可備一解。（古人言當爲或當作，大都假借之意。）朱氏謂『審借爲瀋』，審、瀋固可通用，（列子作潘，潘、瀋古同音，亦可通用。）惟釋爲汁，（本説文：瀋，汁也。）爲纖少，於此義殊不倫。奚氏謂潘、審皆爲瀋之誤，固昧於通假，而謂『瀋爲沈之叚字』，有深意，説則可取。（外物篇：『慰暋沈屯。』釋文引司馬云：沈，深也。）『審爲淵』，或『潘爲淵』，猶言『深爲淵』耳。容齋續筆一二引此文『鯢桓』作『鯢旋』，（與列子同，桓猶旋也。）云：『其詳見於列子黄帝篇。（下略。）按爾雅云：「濫水正出」，即檻泉也。「沃泉下出，氿泉穴出，灉者反入，汧者出不流。」又，「水決之澤爲汧，肥者出同而歸異。」皆禹所名也。爾雅之書，非周公所作，蓋是訓釋三百篇所用字，不知列子之時已有此書否？細碎蟲魚之文，列子決不肯留意，得非偶相同邪？淮南子：「有九璇之淵。」許叔重云：「至深也。」賈誼弔屈賦：「襲九淵之神龍。」顔師古曰：「九淵，九旋之川，言至深也。」與此不同。』成疏所稱列子。『汎水』乃『氿水』之誤，『文水』列子本作『汧水』，（王孝魚集釋已注出。）今本列子出於東晉，所舉九淵之名，蓋襲自爾雅。莊子既稱『淵有九名，此處三焉。』則決不致並舉九淵之名也。釋文所引淮南子『有九旋之淵』見兵略篇，有字涉正文『淵有九名』而衍。容齋續筆引淮南子作『有九璇之淵』，有字蓋因襲莊子釋文而衍也。旋之作璇，或所據本異。顔師古釋『九淵』爲『九旋之川』。川本作淵，避唐高祖諱也。

〔五〕成疏：『奔逸而走也。』釋文：『失，如字。徐音逸。』案成疏説失爲逸。秋水篇言公孫龍『乃逸而走』。與此合。

〔六〕郭注：『雖變化无常，而常深根寧極也。』成疏：『夫妙本玄源，窈冥恍惚。』案知北遊篇：『外化而内不化。』淮南子原道篇：『外與物化而内不失其情。』皆『未始出吾宗』之義也。淮南子覽冥篇、精神篇並有『未始出其宗』之文。僞子華子大道篇亦云：『泊乎如未始出其宗。』覆宋本郭注『寧極』作『冥極』。成疏：『妙本玄源，窈冥恍惚。』是所見郭注寧作冥。作冥蓋郭注之舊，郭氏習以冥字會莊子之主旨。列子注引向秀注：『雖進退同羣，而常深根寧極也。』郭注未全本之。

〔七〕郭注：『无心而隨物化。』釋文：『委蛇，至順之貌。』馬氏故引顧炎武曰：『蛇，徒河反。』王先謙云：『列子「委蛇」作「猗移」，義同。』案列子注引向注：『無心以隨變也。』郭注易『隨變』爲『隨物化』，較勝。徐无鬼篇：『吾與之一委蛇，而不與之爲事所宜。』郭注：『斯順耳，无擇也。』此注言隨，彼注言順，即委蛇之義也。列子釋文：『猗移，委移。至順之貌。』與莊子釋文合。

〔八〕郭注：「汎然无所係也。」成疏：『不可名目，故不知的是何誰也。』案『誰何』，複語。説文：『誰，何也。』漢書陳勝項籍傳贊引賈生過秦論：『陳利兵而誰何！』顔師古注：『問之爲誰，又云何人。其義一也。』複語可顛倒，故成疏作『何誰』也。郭注與列子注引向注同。

〔九〕郭注：『變化頽靡，世事波流，无往而不因也。』釋文：『弟，徐音頽。弟靡，不窮之貌。崔云：「猶遜伏也。」「波流」崔本作「波隨」，云：「常隨從之。」』郭氏集釋引王念孫曰：『釋文曰：「『波流』崔本作『波隨』。」案作「波隨」者是也。蛇、何、靡、隨爲韻。蛇，古音徒禾反。（「委蛇」之委，古音於禾反。「委蛇」，疊韻字也。莊子庚桑楚篇：「與物委蛇。」與爲、波爲韻。爲，古音譌。）靡，古音靡。(莊子知北遊篇:「安與之相靡。」與化、多爲韻。)隨,古亦音徒禾反。(「波隨」,疊韻。呂氏春秋任數篇:「無先有隨。」與和、多爲韻。)』(節引。)奚侗云:『弟當作夷,篆形相似而誤。易渙卦「匪夷所思」,釋文云:「荀本作弟。」是其證。文選潘安仁射雉賦:「崇墳夷靡。」徐爰注:「夷靡,頹弛也。」笙賦「或案衍夷靡」,五臣注:「夷靡,平而漸靡也。」』案列子『弟靡』作『茅靡』,張注:「『茅靡』當爲『頹靡』,向秀曰:「變化頹靡,世事波流,無往不因。」』本向注爲說。郭注本於向注,徐注『弟音頹』,與向、郭注作頹合。奚氏謂弟爲夷之誤,是也。(所引笙賦五臣注,李善注同。)茅亦誤字。茅、弟、夷三字,形近易亂。史記魯周公世家:『煬公築茅闕門。』集解引徐廣曰:『茅,一作第,又作夷。』即其比。(彼文當以作弟爲是,第乃弟之變。天地篇:『若然者,豈兄堯、舜之教民,溟涬然弟之哉!』孫詒讓云:『弟當爲夷。』鶡冠子王鈇篇:『夷貉萬國,莫不來朝。』陸注引或本夷作第,第亦夷之誤也。)酉陽雜俎續集引列子『波流』作『流波』,波與上文移、何、靡爲韻。宋計有功唐詩紀事三一云:『段成式酉陽雜俎載,(柳)中庸善易,嘗詣普寂公。公曰:「筮吾心所在也。」柳曰:「和尚心在前簷第七題。」復問之,在某處。寂曰:「萬物無所逃於數也。吾將逃矣,嘗試測之。」柳久之,瞿然曰:「至矣!寂然不動,吾無得而知矣!」』所引即見酉陽雜俎續集四。段氏復詳引列子黃帝篇文,謂此說乃互竄列子事,不知列子又襲自莊子也。

然後列子自以爲未始學而歸，三年不出〔一〕，爲其妻爨〔二〕，食豕如食人〔三〕，於事無與親〔四〕。雕琢復朴〔五〕，塊然獨以其形立〔六〕。紛而封哉〔七〕，一以是終〔八〕。無爲名尸〔九〕，无爲謀府〔一〇〕，无爲事任〔一一〕无爲知主〔一二〕。體盡无窮，而遊无朕〔一三〕；盡其所受乎天，而无見得〔一四〕，亦虛而已〔一五〕。至人之用心若鏡〔一六〕，不將不迎，應而不藏〔一七〕，故能勝物而不傷〔一八〕。

〔一〕案列子注引向秀曰：棄人事之近務也。

〔二〕案爲猶助也。（論語述而篇：『夫子爲衛君乎？』鄭注：『爲猶助也。』）此等男女也。

〔三〕郭注：『忘貴賤也。』釋文：『食音嗣。』郭注與列子注引向注同。此齊物我也。

〔四〕成疏：涉於世事，無親疏也。

〔五〕郭注：『去華取實。』案道藏褚伯秀義海纂微本、覆宋本雕並作彫，（郭氏集釋本、王氏集解本並同。）本字作琱，說文：『琱，治玉也。』段注：『經傳以雕、彫爲琱。』大宗師篇：『刻彫衆形而不爲巧。』山木篇：『〔北宮〕奢聞之：既彫既琢，復歸於朴。』彫並琱之借字。

〔六〕郭注：『外飾去也。』成疏：『塊然無偶也。』案荀子君道篇『塊然獨坐』，性惡篇『傀然獨立天地之間而不畏』，楊注：『傀與塊同，獨居之貌也。』朱駿聲云：『與塊然同，孤立之貌。』列子注引向注：『外事去也。』郭注易事爲飾，較勝。

〔七〕釋文：『紛而，崔云：「亂貌。」哉，崔本作戎，云：「封戎，散亂也。」』郭氏集釋引李楨曰：『「紛而封哉」，列子黃帝篇作「忿然而封戎」。按「封戎」是也。六句並韻語，「食豕」二句，人、親爲韻。「彫琢」二句，朴、立爲韻。「紛而」二句，戎、終爲韻。哉字，傳寫之譌。下四亦韻語，惟崔本不誤，與列子同。』章太炎云：『「封哉」當依崔本作「封戎」，即蒙戎、尨茸也。古封字亦讀重脣。』案陳碧虛闕誤引張君房本紛下有然字，列子作『忿然而封戎』。張注：『戎或作哉。』釋文本作哉，云：『忿音紛。哉，一本作戎。』忿與紛通。哉乃戎之形誤，李、章說是。

〔八〕案列子注引向注：『遂得道也。』一猶皆也，總也。是，謂正道也。（荀子勸學篇：『使目非是無欲見也。』楊注：『是，謂正道也。』）蓋紛擾之後，總歸於正道也。與大宗師篇所謂『攖寧』，即『攖而後成』之義相符。

〔九〕成疏：『尸，主也。』案淮南子詮言篇、劉子去情篇無並作不，義同。下文亦作不。

〔一〇〕案庚桑楚篇：『至知不謀。』

〔一一〕案即上文『於事无與親』之意。庚桑楚篇謂至人『不相與爲事』。亢倉子訓道篇『不爲事官』，義近。

〔一二〕釋文：『知音智。』案淮南子詮言篇、文子符言篇知並作智。此謂不執着己智也。呂氏春秋任數篇載申子對韓昭侯曰：『至智去智。』

〔一三〕郭注：『因天下之自爲，故馳萬物而无窮。任物故无迹。』案『體盡无窮』，既曰盡，又曰『无窮』，義頗難通。盡字疑涉下文『盡其所受乎天』而衍。注『馳萬物而无窮』，蓋釋『體无窮』之意。『體无窮，遊无朕』文正相對。淮南子作『藏無形，行無迹，遊無朕』。『行無迹』三字，疑是『遊無朕』之注誤入正文者。此文郭注即釋朕爲迹。

〔一四〕案其讀爲已，莊子佚文：『天即自然。』（大方廣佛華嚴經隨疏演義鈔一引。）無猶忘也，『見得』二字平列。謂盡已所稟受於自然，而忘其所見、忘其所得。蓋所見、所得，皆朕迹也。

〔一五〕案人間世篇：『唯道集虛。』壺子，得道之士也。其示季咸以太沖莫勝，正由於虛。前言治天下之道，『順物自然，而无容私』，亦即虛也。

〔一六〕案合璧事類外集五三引『至人』作『聖人』，心下有也字。聖人猶至人也，（德充府篇有說。）淮南子覽冥篇、文子精誠篇亦並作『聖人』。（今本淮南子脱人字，王氏雜志有說。）書鈔一三六、藝文類聚七〇、初學記二五、白帖四、御覽七一七、事文類聚續集二八、合璧事類外集五三引心下亦皆有也字。

〔一七〕郭注：『來即應，去即止。』成疏：『將，送也。』釋文：『藏，本又作臧。』元纂圖互注本、世德堂本迎並作逆。章太炎云：『將、逆猶將、迎。將，送也。說文：逆，迎也。』案迎與上文鏡爲韻，作逆義雖同而失韻矣。知北遊篇：『无有所將，无有所迎。』成疏：『夫聖人如鏡，不送不迎。』本此。藏、臧古通，前已有説。帛書本十大經：『萬物羣至，我无不能應。我不臧故，不挾陳，鄉者已去，至者乃新，新故不翏，我有所周。』其義可參。

〔一八〕錢纂箋引陸長庚曰：『勝字平讀，任萬感而不傷本體。』案陸讀勝爲勝任字，是也。惟所謂『任萬感』，當作『任萬化』較勝，物有化義，猶造物亦作造化也。淮南子此文作『故萬化而無傷』。書鈔、藝文類聚、意林、白帖、合璧事類引此不皆作無，與淮南子合。初學記二五、事文類聚引『不傷』並作『無憂傷』。○以上第五章。虛心以應物。

南海之帝爲儵，北海之帝爲忽，中央之地爲渾沌〔一〕。儵與忽時相與遇於渾沌之地，渾沌待之甚善〔二〕。儵與忽謀報渾沌之德，曰：『人皆有七竅以視聽食息，此獨無有，嘗試鑿之。』日鑿一竅〔三〕，七日而渾沌死〔四〕。

〔一〕釋文：『儵、忽、渾沌，崔云：「渾沌，无孔竅也。」李云：「清濁未分也。此喻自然。」簡文云：「儵、忽取神速爲名，渾沌以合和爲貌。神速譬有爲，合和譬无爲。」』案藝文類聚八引儵作倏，倏乃倏之誤。案廣雅釋詁一：『儵、倐，疾也。』王氏疏證云：『「説文：倐，疾也。倏，犬走疾也。」莊子：「南海之帝爲儵。」倐、倏、儵並通。』朱駿聲謂『儵叚借爲倐』。韻府羣玉一七引爲並作名，一八引爲並作曰。山海經西山經郭注引渾沌作混沌，渾與混同。（薛逢鑿混沌賦、李元卓莊列十論宋華子病忘論：『鑿之七日，混沌之七竅遂開。』並本此文，亦作混。）

〔二〕案藝文類聚八、白帖二、御覽六〇引善並作厚。

〔三〕案御覽引日上有一字。

〔四〕郭注：『爲者敗之。』案郭注本老子六十四章。四十九章云：『聖人在天下，歙歙焉爲天下渾其心。』（焉字據帛書甲、乙本老子補。）其理在此。〇以上第六章。不任智巧。

（一九八四年二月一日脫稿）

附録二　莊子校釋（節選）

節選自《國立中央研究院歷史語言研究所專刊之二十六》

内篇大宗師第六

其耆欲深者，其天機淺。

案道藏成玄英疏本，王元澤新傳本，褚伯秀義海纂微本，耆並作嗜，草堂詩箋六、三八，記纂淵海四五引並同，耆即嗜之借，齊物論篇：『鴟鴉耆鼠』與此同例。

不以心捐道。

案釋文：『捐，郭作揖，崔云或作楫，所以行舟也，』郭作揖而注云：『用心則背道。』揖無背義。作楫，則愈不可通，俞樾以爲皆假字之誤，說亦牽強，捐蓋損之壞字，下文『不以人助天』，一損一助，相對而言，意甚明白，史記賈誼列傳索隱引此文正作損（惟損道誤爲損死耳）。山木篇：『無受天損易。』唐寫本壞作捐，與此同例。揖、楫亦並損之誤。

若然者，其心志，其容寂。

案『其心志』，義頗難通，趙以夫謂『志當作忘』，褚伯秀云：『趙氏正爲忘字，與容寂義協，其論甚當。』志即忘之形誤，徐无鬼篇『上忘而下畔』，呂氏春秋貴公篇作志，即志忘形近相亂之證。

喜怒通四時。

案疏：『喜怒通乎四序』疑成本通下有乎字，淮南本經篇作『喜怒通和于四時』，于猶乎也。（詳後）

天時，非賢也。

案『天時，非賢也』文意不明，王闓運云『天當作先，或云當作失』，亦非其旨，注：『時天者，未若忘時而自合之賢也。』（時天原作時之，蓋涉下之字而誤。茲據覆宋本訂正，道藏成玄英疏本，褚伯秀義海纂微本，並作時人，人又天之壞字也。）疑郭本天時原作時天，今本誤到耳。

行名失己，非士也。

案『行名失己』，意頗難通，行疑徇之誤，文選賈誼鵩鳥賦注引莊子逸文『烈士之徇名』，駢拇篇『士則以身徇名』（殉與徇通，褚伯秀義海纂微本正作徇），此則言『徇名失己非士也』，意甚明白。注：『善爲士者，遺名而自得』，遺名正對徇名而言。

邴邴乎其似喜乎，崔乎其不得已乎。

案陳碧虛闕誤引成玄英、文如海、張君房諸本，並疊崔字，與上句一律，喜乎，已乎，乎並作也，下文『厲乎其似世乎，』下乎字也作也，與他句一律，並當從之。

相呴以濕，相濡以沫。

案文選劉孝標廣絶交論注，御覽五六、四八六，事類賦二九鱗介部二，引呴並作煦，煦呴同字，刻意篇『吹呴呼吸』，釋文：『呴字亦作煦。』即其證。白帖一〇、二九引呴並作煦，煦與呴通，刻意篇『吹呴呼吸』，後漢書仲長統傳注引作煦，即其比。釋文：『濡本又作濡。』道藏各本，趙諫議本，覆宋本，皆作濡，白帖一〇、二九，意林，御覽五六、四八六、九三五，事類賦二九鱗介部二，記纂淵海六一、九九，引並同。作濡者俗，天運篇有此文亦作濡，本篇下文『而色若濡子』，釋文：『濡本亦作濡。』並當以作濡爲正。

不如相忘於江湖。

案御覽九三五，事類賦二九鱗介部二，引湖下並有也字。

與其譽堯而非桀也，不如兩忘而化其道。

案外物篇亦云：『與其譽堯而非桀，不如兩忘而閉其所譽。』此文與，元纂圖互注本，世德堂本並作而，而猶與也，（詳釋詞）淮南主術篇：『與其譽堯而毀桀也，不如掩聰明而反修其道也。』即本此文，亦作與。

佚我以老，息我以死。

案疏：『老既無能，暫時閒逸。』是成本佚作逸，佚與逸通，淮南俶真篇亦作逸，史記賈誼列傳索隱引息作休，淮南俶真篇亦作休。

夫藏舟於壑，藏山於澤。

案淮南俶真篇，劉子新論惜時篇襲用此文，藏山句並同，但上句言藏舟，下句言藏山，例頗不倫，且山亦非可藏於澤，俞樾謂『山當讀爲汕』，說亦牽強，疑山爲車之壞字，古人設譬，多以舟車對舉，本書天運篇『夫水行莫如用舟，而陸行莫如用車』，達生篇『視舟之覆，猶其車卻也』，並此例，記纂淵海五九引山正作車。

謂之固矣。

案舊鈔本文選江文通雜體詩注引謂上有人字（王簡栖頭陀寺碑文注引作『人以爲固』亦有人字），淮南俶真篇同，書鈔一三七引矣上有己字。

然而夜半有力者，負之而走，昧者不知也。

案藝文類聚七一，御覽六三、三九四、七六八，事文類聚續集二七，引然而並作然則，則猶而也，（詳逍遥遊篇）湛然輔行記一七，文選王簡栖頭陀寺碑文注，舊鈔本江文通雜體詩注，後漢書獻帝紀注，書鈔一三七，御覽六七，引走並作趨，疏：『然而造化之力，擔負而趨』，是成本亦作趨，淮南俶真篇同。走猶趨也，説文：『走，趨也。』文選劉孝標辨命論注引昧上有其字，輔行記一七引昧上有而字，不知作不覺，下無也字，後漢書獻帝紀注引昧上亦有而字，不知下無也字，文選頭陀寺碑文注，白帖一一，御覽六七、三九四，引皆無也字，淮南俶真篇同，但有也字，文意較完。

特犯人之形，而猶喜之，若人之形者，萬化而未始有極也。

案淮南俶真篇犯作範，注：『範猶遇也，遭也』，範與犯通（詳俞樾説）。章太炎謂淮南犯作逢誤，淮南俶真篇喜下無之字，弘明集五晉釋慧沙遠門不敬王者論引此文亦無之字（但有之字，文意較完），淮南俶真篇若人下無之形二字，史記賈誼列傳索隱引此文，亦無之形二字（但有之形二字，文意較完），淮南俶真篇萬化上有千變二字。

其爲樂，可勝計邪。

案淮南俶真篇『其爲樂』上有『弊而復新』四字，文意較完，注：『本非人而化爲人，化爲人，失於故矣，失故而喜，喜所遇也』，故正對新而言，所遇即新也，疑郭本原有『弊而復新』四字。

善夭善老。

案釋文所出本夭作妖，云：『崔本作狡，同，』妖即媄之俗省，媄與夭通，詩周南桃夭『桃之夭夭』，說文引作媄，即其比。崔本作狡狡，借爲姣，姣與媄略同。（說文：『姣好也，媄巧也，一曰女子笑貌。』）陳碧虛闕誤引張君房本夭作少，奚侗云：『郭注，不善少而否老，是郭本亦作少。』夭猶少也，詩檜風隰有萇楚『夭之沃沃』，傳：『夭少也』，即其證。

在六極之下，而不爲深。

案疏：『六極，六合也。』大方廣佛華嚴經隨疏演義鈔一四引正作六合。

伏戲得之。

案道藏王元澤新傳本戲作羲，大方廣佛華嚴經隨疏演義鈔一四，記纂淵海一、八六，事文類聚前集一，引並同，吳澄內篇訂正本作『伏羲氏得之』，成玄英疏本，覆宋本，並作『伏羲氏得之』（戲與羲通，羲、犧，古今字，已詳人間世篇），與上文『狶韋氏得之』相耦，有氏字者是也，釋文引崔本伏戲下亦有氏字。

馮夷得之，以遊大川。

案文選張平子西京賦注引遊作潛，淮南齊俗篇亦作潛。

而比於列星。

案荀子富國篇楊注引星作宿，釋文：『崔本此下更有其生無父母，死登假，三年而形遯，此言神之無能名者也，凡二十二字。』文選郭景純江賦注引死上有其字（與上句一律），假作遐（假遐古通），事文類聚前集四九引死上亦有其字。

南伯子葵問乎女偊曰。

案釋文引李注：『葵當爲綦，聲之誤也。』成疏亦似爲綦字之誤，文選范蔚宗樂應遊詔詩注引正作綦，人間世篇，徐无鬼篇，並作南伯子綦。

夫卜梁倚有聖人之才。

案初學記一七，引倚下有者字，藝文類聚二〇引亦有者字，惟錯在才字下。

庶幾其果爲聖人乎。

案藝文類聚二〇，初學記一七，引乎並作也，也猶乎也，胠篋篇：『然則鄉之所謂知者，不乃爲大盜積者也。』後漢書光武帝紀注引作乎，在宥篇：『幾何僥倖而不喪人之國乎。』元纂圖互注本作也，秋水篇：『是魚樂也。』御覽一六九引作乎，讓王篇：『神无惡乎。』陳碧虛闕誤引張君房本作也，並其比。

殺生者不死。

案陳碧虛闕誤引江南古藏本殺上有故字。

子祀，子輿，子犂，子來，四人相與語曰。

案釋文：『輿本又作與，音餘。』御覽四〇九引正作與，與輿通，逍遥遊篇『吾聞言於接輿』，釋文『輿本又作與』，即其比。文選賈誼鵩鳥賦注，初學記一八，御覽七三八，引犂並作黎，御覽四〇九引作梨，犂、黎、梨，並同音通用。

孰知死生存亡之一體者，吾與之友矣。

案初學記一八，御覽四〇九，引孰下並有能字，疏：『孰能知是，我與爲友也。』是成本正有能字。

俄而子輿有病。

案鶴林玉露三引病作疾，疾猶病也。（說文：『疾，病也。』）庚桑楚篇：『里人有病。』御覽七三八引作疾，徐无鬼篇：『管仲有病。』管子戒篇、呂氏春秋知接篇並作疾。列禦寇篇『秦王有病』，藝文類聚七一，御覽七七三引並作疾，皆其比。達生篇：『夫醉者之墜車，雖疾不死』，白帖五引作病。『毅養其外，而病攻其內』，白帖二六引作疾（淮南人間篇亦作疾）。讓王篇：『我適有幽憂之病』，御覽四二四引作疾，並疾、病通用之證。

陰陽之氣有沴，其心閒而无事。

案說文：『沴水不利也。』五音集韻引作不和（利亦有和義），此文沴字，即不和之意。釋文：『沴，郭奴結反，云，陵亂也，崔本作𣶏，云，满也。』陵亂与不和義協，但音奴結反，則字作沵，沵蓋沴之形誤（㐱尔形近易混）。集韻去聲七引作𣶏，與崔本合。𣶏正作瀰，（說文：『瀰，滿也。』）瀰沵同字，蓋由沴誤爲沵，因復有作瀰者耳。

浸假而化予之左臂以爲雞。

案御覽三六九引浸作侵，下同，當從之。（說文：『侵，漸進也。』侵即㑴之隸變。）浸，借字（浸又㑴之隸變也）。

予因而乘之。

案覆宋本而作以，與上文『予因以求時夜』，『予因以求鴞炙』一律，而猶以也。應帝王篇『而遊无朕』，卷子本玉篇舟部引作以，天運篇『而忘親難』，覆宋本作以，讓王篇『以遭亂世之患』，意林引作而，列禦寇篇『醉之以酒，而觀其則』，小雅賓之初筵正義引作以，並其比。

犁往問之。

案御覽七三八引作『子黎往問之』（黎與犁通，詳前），記纂淵海一引犁上亦有子字，道藏褚伯秀義海纂微本，覆宋本，並有子字。

陰陽於人，不翅於父母。

案疏：『況陰陽造化，何啻二親乎』，是成本翅作啻，翅與啻同。意林引下於字作爲，母下有也字，御覽七三八引下於字亦作爲，爲猶於也。徐无鬼篇：『雖然，請問爲天下』，御覽七九引作於，即其比。

我則悍矣。

案釋文：『悍，本亦作捍，說文云，捍，抵也。』（今本說文無捍字，有扞字）悍與捍通，道藏成玄英疏本，林希逸口義本，褚伯秀義海纂微本，陳碧虛音義所出本，趙諫議本，覆宋本，皆作捍。

大冶必以爲不祥之金。

案記纂淵海一，兩引大上皆有夫字，當從之，下文『夫造化者，必以爲不詳之人』，與此對言，亦有夫字。御覽八一〇引金作物。

子桑户，孟子反，子琴張，三人相與友。

案白帖一〇，廣韻上聲三，引户並作扈。楚辭九章涉江，風俗通十反篇，亦並作桑扈。書鈔一〇六，御覽五七一，引琴並作禽。御覽四〇九引友上有爲字。

遂相與友。

案覆宋本與下有爲字。白帖一〇引同，當從之。上文亦作『遂相與爲友』。

使子贡往待事焉。

案覆宋本待作侍，文選夏侯孝若東方朔畫像贊注引同，待與侍通。田子方篇『孔子便而待之』，釋文『待或作侍』，漁父篇『竊待於下風』，釋文『待或作侍』，並其比。

敢問臨尸而歌，禮乎。

案疏：『況臨朋友之屍，曾無哀哭。』是成本尸作屍。白帖一〇引同，尸即屍之借。

二人相視而笑曰，是惡知禮意。

案御覽五七一引人作子。書鈔一〇六，引視作顧。文選東方朔畫象贊注引惡下有乎字。書鈔一〇六，白帖一〇，引亦並有乎字。意下並有也字。御覽五七一引乎字錯在知字下，意下亦有也字。

而丘遊方之內者也。

案文選東方朔畫像贊注引丘下有也字。

彼以生爲附贅縣疣。

案荀子宥坐篇楊注引附作負，縣疣作懸肬。負附古通，懸即縣之俗，疣即肬之俗。湛然輔行記二，御覽七四〇，引縣亦並作懸。駢拇篇：『附贅懸疣。』文選陳孔璋爲袁紹檄豫州文注，後漢書郭皇后紀注，一切經音義二〇，引並作懸肬。倭名類聚鈔二疾病部北山録注解隨函下，引縣亦並作懸（文心雕龍鎔裁篇：『附贅縣肬。』即用駢拇篇文，亦作縣肬），與此同例。

夫若然者，又惡知死生先後之所在。

案御覽七四〇引在下也字，文意較完。

芒然彷徨乎塵垢之外，逍遥乎無爲之業。

案事文類聚前集五一引垢作埃。淮南俶真篇、脩務篇並作埃（精神篇作垢），本書達生篇亦有此文。無爲作無事。淮南俶真篇、精神篇，並作無事，俞樾云：『無事之業，謂無事之始也。廣雅釋詁業始也。』記纂淵海五一，引此文業作表。疑淺人所改。

孔子曰，丘天之戮民也。

案天運篇：『操之則慄，舍之則悲，而一無所鑒，以闚其所不休者，是天之戮民也。』可移注此文。

故曰，魚相忘乎江湖，人相忘乎道術。

案藝文類聚二一，白帖一〇，意林，引乎並作于。淮南俶真篇同。于與乎通，上文『芒然彷徨乎塵垢之外』，淮南俶務篇作于，下文『且汝夢爲鳥而厲乎天』，淮南俶真篇作于，並其比。御覽六〇引上乎字亦作于，一切經音義二九引下忘乎作知于，白帖一〇引下忘字亦作知，作忘義較長。

故曰，天之小人，人之君子，人之君子，天之小人也。

案奚侗云：『此文四句義複，下二句人字天字互誤』，其說是也。舊鈔本文選江文通雜體詩注引下二句正作『天之君子，民之小人』，今本民作人，唐人避太宗諱改。

中心不慼。

案覆宋本，道藏褚伯秀義海纂微本，吴澄内篇訂正本，慼並作戚，戚即慼之借。

以善喪蓋魯國。

案趙諫議本，覆宋本，道藏褚伯秀義海纂微本善下並有處字，文意較完，當從之。

回壹怪之。

案道藏王元澤新傳本，吴澄内篇訂正本，元纂圖互注本，世德堂本，壹並作一，一與壹同，並語助也（詳釋詞）。

疏：『所以一見孟孫才，遂生疑怪也。』是成本亦作一，但不知一爲語助，故於一下增見字以解之耳。

是自其所以乃。

案道藏成玄英疏本乃作宜。下有也字，注：『正自是其所宜也』，是郭本原作『是自其所以宜也』，覆宋本乃亦作宜。

庸詎知吾所謂吾之乎。

案此語義頗難通，疏：『詎知吾之所謂無處非吾』，疑吾之下原有非吾二字。『庸詎知吾所謂吾之非吾乎』承上文『且也相與吾之耳矣』，而言意甚明白。田子方篇注：『未始非吾，吾何患焉』，非吾二字本此。今本挩非吾二字，上文之義亦晦。章太炎因謂『吾與虞同』，奚侗因謂『吾借爲寤』，並穿鑿其說矣。

夫盲者无以與乎眉目顏色之好。

案釋文『盲本又作眇』，御覽四七〇引正作眇。

皆在鑪捶之間耳。

案釋文：『捶本亦作錘』，錘與捶通，道藏成玄英疏，林希逸口義，褚伯秀義海纂微，羅勉道循本諸本，陳碧虛音義所出本，趙諫議本，覆宋本，皆作錘。

許由曰，噫，未可知也。

案釋文：『噫，本亦作意，又如字，謂呼意而名也。』意與噫通，駢拇篇：『意，仁義其非人情乎』，覆宋本作噫。在宥篇：『意甚矣哉，其无愧而不知耻也甚矣』，成疏作噫，『意，治人之過也』，釋文：『意，本又作噫』。『意毒哉』，成疏作噫。天道篇：『意幾乎後言』，道藏成玄英疏本作噫，『意，夫子亂人之怪也』。成疏作噫。山木篇：『噫，物固本累』，唐寫本作意。外物篇：『噫，其非至知厚德之任與』，古鈔卷子本作意，並其比。注：『噫，嘆聲也』，是也；『謂呼意而名』者，非。唐寫本噫下有而字，疑衍。

吾師乎，吾師乎。

案唐寫本乎並作于，于與乎通，上文『芒然彷徨乎塵垢之外，逍遥乎无爲之業』，淮南俶真篇精神篇並作于，『相造乎水者，穿池而養給』，文選潘安仁閒居賦注，謝靈運還舊園詩注引並作于，胠篋篇『車軌結乎千里之外』，御覽七七五引作于，天地篇『殆哉圾乎天下』，道藏成玄英疏本作于，山木篇『爲壇乎郭門之外』，御覽六二七引作于，庚桑楚篇『曰，然則至是乎』，古鈔卷子本作于，外物篇『故伍員流于江，萇弘死于蜀』，古鈔卷子本並作乎，皆其比。

刻彫衆形。

案道藏羅勉道循本本彫作雕，文選劉孝標廣絕交論注引同，雕與彫通，本書此例甚多。

顔回曰，回益矣。仲尼曰，何謂也。曰，回忘仁義矣。曰，可矣。猶未也，他日復見，曰，回益矣。曰，何謂也。曰，回忘禮樂矣。

案淮南道應篇仁義二字與禮樂二字互錯，審文意，當從之。老子云：『失道而後德，失德而後仁，失仁而後義，失義而後禮。』（本書知北遊篇亦有此文）淮南本經篇：『知道德，然後知仁義之不足行也，知仁義然後知禮樂之不足修也。』（僞文子下德篇亦有此文）道家以禮樂爲仁義之次，禮樂，外也，仁義，內也，忘外以及內，以至於坐忘，若先言忘仁義則乖厥旨矣。釋文：『他日，崔本作異日，下亦然』。淮南道應篇亦作異日。

仲尼蹵然曰。

案御覽四九〇引蹵作蹴，蹴與蹵通，本字作欶，說文：『欶，愁然也。孟子曰，曾西欶然。』今本孟子公孫丑上篇作蹵。

隳枝體，黜聰明。

案唐寫本，道藏成玄英疏本，覆宋本，隳並作𣫍，意林，御覽四九〇，雲笈七籤九四坐忘論，引並同。𣫍即隳之俗，淮南道應篇亦作𣫍，鶡冠子學問篇陸注引隳下、黜下，並有其字。道藏成玄英疏，褚伯秀義海纂微，羅勉道循本，吳澄內篇訂正諸本，覆宋本，枝並作肢，意林，雲笈七籤九四，記纂淵海五一，合璧事類續集三四，鶡冠子學問篇注，引並同。文選賈誼鵩鳥賦注，御覽四九〇，引並作支，淮南道應篇同。枝支並胑之借，肢爲胑之或體。

同於大通。

案，淮南道應篇作『洞於化通』，洞即同之借，化字涉下文『化則無常也』而誤。奚侗謂此文大爲化之誤，其說非也，大通爲得道之至境，乃道家恒言。本書秋水篇『且彼方跐黄泉，而登大皇，無南無北，奭然四解，淪於不測，無西無東，始於玄冥，反於大通』，淮南覽冥篇『純温以淪，鈍悶以終，若未始出其宗，是謂大通』，精神篇『除穢去累，莫若未始出其宗，乃爲大通』，詮言篇『聖人無屈奇之服，无瑰異之行，服不視，行不觀，言不議，通而不華，窮而不懾，榮而不顯，隱而不窮，異而不見怪，容而與衆同，無以名之，此之謂大通』（又見文子符言篇），並其證。文選鵩鳥賦注，御覽四九〇引大通並作大道，道乃通之形誤（天運篇『儻然立於四虚之道』，御覽三九二引誤通，天下篇『昔者禹之湮洪水，決江河，而通四夷九州也』，御覽六八引誤道，並通道形近相亂之證）。

此謂坐忘。

案雲笈七籤九四引此作是，意林引謂下有之字。疏：『如此之益，謂之坐忘也』，疑成本亦有之字。

子輿與子桑友。

案白帖七，事文類聚續集一六，合璧事類別集四五，引友上並有爲字，文意較完。

而霖雨十日

案釋文：『霖，本又作淋』，唐寫本，趙諫議本，道藏成玄英疏，林希逸口義，褚伯秀義海纂微，羅逸道循本諸本，陳碧虛音義所出本皆作淋，事文類聚前集二三，合璧事類前集二三引並同，淋即霖之借。

内篇應帝王第七

有虞氏其猶藏仁以要人，亦得人矣，而未始出於非人。

案釋文：『藏，本亦作臧。』道藏成玄英疏本，褚伯秀義海纂微本，趙諫議本並作臧，高士傳同。臧與藏通，下文『應而不藏』，釋文『藏，本又作臧』，庚桑楚篇『藏不虞以生心』，古鈔卷子本作臧，徐无鬼篇『无藏逆於得』，釋文『藏，一本作臧』，並其比。駢拇篇：『自虞氏抬仁義以撓天下也，天下莫不奔命於仁義，是非以仁義易其性與』，可與此文之義相發。『未始出於非人』，正由『以仁義易其性』之故，易其性故爲非人。

注：『夫以所好爲是人，所惡爲非人者，唯以是非爲域者也。』未得其旨。

一以己爲馬，一以己爲牛。

案一猶或也，疏：『或馬或牛，隨人呼』，是也。天道篇：『昔者子呼我牛也，而謂之牛，呼我馬也，而謂之馬，苟有其實，人與之名而弗受』，可申此文之義。

以己出經式義，度人孰敢不聽而化諸。

案此文義頗難通，釋文：『出經絶句，式義度人絶句』。王元澤，吕惠卿、陳詳道、羅勉道並同，林疑獨、趙以夫並從度字絶句，王念孫同，諸讀似皆未協，陳碧虚闕誤引張君房本度人作庶民，則當從義字絶句。疏：『必須己出智以經綸，用仁義以導俗，則四方氓庶，誰不聽從』，是成本度人亦作庶民，正從義字絶句（陳碧虚照張本亦從義字絶句）。度蓋庶之形誤，民之作人，乃唐人避太宗諱所改。藝文類聚九七，御覽九四五，引人並作民，與成張本合。

且鳥高飛以避矰弋之害，鼷鼠深穴乎神丘之下，以避熏鑿之患。

案御覽九一一引且作百，且疑百之形誤。記纂淵海五七引飛下有『于層漢之上』五字，當從之。『百鳥高飛于層漢之上，以避矰弋之害，鼷鼠深穴乎神丘之下，以避熏鑿之患』，文正相對。藝文類聚九五，御覽九一一引害並作患，與下患字複，疑即涉下文而誤，御覽九一一引熏鑿作薫灌，薫即熏之借。

而曾二蟲之无知。

案文選張茂先鷦鷯賦注引知下有也字，文意較完。

汝又何帠以治天下感予忘爲。

案孫詒讓云『帠當爲叚』，其説是也，但謂『何叚猶何藉』則非，何叚即何暇。本書此例甚多，人間世篇『何暇至於暴人之所行』『何暇至於悦生而惡死』，在宥篇『彼何暇安其性命之情哉』『吾又何暇治天下哉』，天地篇『而何暇治天下乎』，山木篇『又何暇乎天之怨哉』，田子方篇『而何暇至乎人貴人賤哉』，並其證。此文作叚，即暇之借。

且也虎豹之文來田，猨狙之便，執斄之狗來藉。

案覆宋本且也作且曰，釋文：『斄音來，李音狸。』疏：『狗以執捉狐狸，每遭係頸』，是成本正作狸。天地篇：『執留之狗成思，猨狙之便自山林來。』釋文：『留一本作狸』，與此文作狸者合。斄、留、狸，並一聲之轉。吴澄内篇訂正本藉作籍，並籍之借字，説文：『籍刺也』，『執㯳之狗』四字，疑涉天地篇文竄入。『虎豹之文來田，猨狙之便來藉』，文正相耦。淮南繆稱篇『虎豹之文來射，猨狖之捷來措』（注：『措刺也』）），詮言篇『故虎豹之彊來射，蝯狖之捷來措』，説林篇『虎豹之文來射，蝯狖之捷來乍』（王念孫云：『措與乍古同聲通用』，亦籍之借字），凡三用此文，皆無『執㯳之狗』四字，是其明證。

吾與汝既其文，未既其實。

案陳碧虚闕誤引江南古藏本『既其文』作『無其文』，列子黄帝篇襲用此文，亦作『無其文』（虚重元本無作既），注引向秀云：『今吾與汝雖淺深不同，然俱在實位，則無文章相發矣。』是向本莊子既作無，但作既作無，義皆不明。列子黄帝篇顔回問津人操舟章『吾與若玩其文也久矣，而未達其實』，亦襲用此文，玩字義長，疑既即玩之形誤。下既字同。其作無者，莊書無皆作无，玩壞爲元，因誤爲无耳。

衆雌而無雄，而又奚卵焉。

案雌雄二字疑當互錯，於義較順，淮南覽冥篇正作『衆雄而無雌』。

而以道與世亢必信。

案列子黃帝篇亢作抗（釋文：『抗或作亢』，注引向秀注作亢，與此文合），信下有矣字，亢即抗之借。

以予示之。

案御覽八七一引予作吾。

出而謂列子曰。

案御覽八七一引謂上有咸字，疏：『季咸謂其將死』，疑成本亦有咸字。

不以旬數矣。

案御覽八七一引不下有可字，文意較完，列子黃帝篇亦有可字。

鄉吾示之以地文。

案釋文：『鄉本作曏，亦作向，同。』道藏林希逸口義本作嚮，亦同。道藏成玄英疏本，褚伯秀義海纂微本，羅勉道循本本，陳碧虛音義所出本，趙諫議本，皆作曏。列子黃帝篇作向，胠篋篇：『然則鄉之所謂知者，不乃爲大盜積者也。』釋文：『鄉本又作向，亦作曏。』與此同例，並當以作曏爲正，說文：『曏，不久也』。

萌乎不震不正。

案釋文：『不震不正，崔本作不誫不止。』陳碧虛闕誤引江南古藏本不正亦作不止，誫即震之異文，正乃止之形誤（注：『萌然不動，亦不自正』，正亦止之誤），止與震對言，列子黃帝篇亦作『不誫不止』，與崔本合，惟萌乎作罪乎，義頗難通，注『罪或作萌』（釋文同），與此文合，作萌者是也。萌，有生義（淮南俶真篇『孰知其所萌』注：『萌，生也』），『萌乎不震不止』，猶云『生於不動不止』，正對上文『子之先生死矣』而言，意甚明白。俞樾謂『當從列子作罪，罪讀爲崖』，說殊牽強，不知列子本亦作萌也。

子之先生不齊。

案釋文：『齊側皆反，本又作齋，下同。』道藏王元澤新傳本正作齋，列子黃帝篇同，但審文義當作齊爲是，無迹可相故謂不齊，音側皆反，亦誤讀齊爲齋。俞樾云：『齊，向郭皆讀如本字，音側皆反者非是』，其說是也。

吾鄉示之以太沖莫勝。

案吾鄉乃鄉吾之誤到，上文『鄉吾示之以地文』『鄉吾示之天壤』，下文『鄉吾示之以未始出吾宗』，並作鄉吾，是其明證，列子黃帝篇作『向吾示之以太沖莫眹』，向與鄉同（本字作曏）。勝與眹通，淮南兵略篇『凡物有眹，惟道無眹』，文子自然篇並作勝，即其比。

鯢桓之審爲淵。

案容齋續筆一二引桓作旋，桓猶旋也。列子黃帝篇亦作旋。釋文引崔本審作潘，云：『回流所鍾之域也。』列子黃帝篇亦作潘。

紛而封哉。

案陳碧虛闕誤引張君房本紛下有然字，列子黃帝篇紛作份，份下亦有然字，份紛音義同。釋文引崔本哉作戎，云：『封戎散亂也。』是也。列子黃帝篇亦作戎，哉乃戎之形誤。

至人之用心若鏡。

案合璧事類外集五三引至人作聖人，文子精誠篇，淮南覽冥篇並作聖人（今本淮南挩人字），聖人猶至人也（詳德充符篇）。書鈔一三六，藝文類聚七〇，初學記二五，御覽七一七，事文類聚續集二八，合璧事類外集五三，天中記四九，引心下並有也字，書鈔一三六引鏡下有焉字。

不將不迎。

案元纂圖互注本，世德堂本，迎並作逆，天中記二三引同，逆猶迎也。說文：『逆，迎也。』但迎與上文鏡爲韻，當以作迎爲是，作逆則失其韻矣。

故能勝物而下傷。

案書鈔一三六，藝文類聚七〇，意林，合璧事類外集五三，天中記四九，引不傷並作無傷，淮南覽冥篇同。不猶無也，初學記二五，事文類聚續集二八，引並作無憂傷。御覽七一七引不作弗，弗猶不也。

南海之帝爲儵，北海之帝爲忽。

案釋文引簡文云：『儵忽取神速之名』，則儵借爲倏，藝文類聚八引作倏，倏即倏之誤（古書中倏多誤爲倏）。說文：『倏，犬走疾也。』大宗師篇：『翛然而往，翛然而來而已矣。』釋文：『翛本又作儵，司馬云疾貌。』儵亦倏之借。

中央之帝爲渾沌。

案山海經、西山經郭注引渾沌作混沌，渾與混同。薛逢鑿混沌賦，李元卓莊列十論宋華子病忘論『鑿之七日，混沌之七竅遂開』，並本此文作混。

渾沌待之甚善。

案藝文類聚八，白帖二，御覽六〇，引善並作厚。

日鑿一竅。

案御覽六〇引日上有一字。

莊子校釋卷一終

編輯説明

四川大學圖書館、檔案館和博物館歷史悠久，館藏豐富，精品紛呈。爲深入挖掘其文化内涵，全面展示其社會價值，四川大學組織實施了『四川大學館藏資源開發工程』，編輯出版『四川大學館藏精品集萃』叢書。王叔岷是享譽海内外的國學大師，其本科畢業論文曾於二〇一六年四川大學一百二十周年校慶時，收入《鑽堅研微　嚴慎細思：國立四川大學學生畢業論文選編》一書中，以影印方式出版。爲進一步滿足研究者的需要，全面反映王叔岷莊學思想的連續性和傳承性，本書對該論文全文進行了重新録入整理，並將王叔岷莊學研究成果《莊子校詮》和《莊子校釋》中有關部分與之加以對照，其中的異體字改爲通用規範字。本書由四川大學圖書館組織編輯，党躍武主編並負責統稿工作，王躍、郭鈺、杜洋等録入整理，丁偉校對。